D1731277

Das Heute
ist irgendwie immer etwas banal.

Den Glanz
bekommen die Dinge
erst mit der Entfernung,
zeitlich wie räumlich.

Sven Regener

Frau Jutta Kirot mit herzlichem
Dank für jahrzehntelange
konstruktive Zusammenarbeit.

23.5.2023

Wolf Dieter Neupert

Wolf Dieter Neupert

Bau und Geschichte des Cembalos im 20. Jahrhundert

Verlag Dohr Köln

Bibliografische Information der Deutschen Nationalbibliothek

Die Deutsche Nationalbibliothek verzeichnet diese Publikation in der
Deutschen Nationalbibliografie; detaillierte bibliografische Daten
sind im Internet über http://dnb.d-nb.de abrufbar.

1. Auflage 2023
© 2023 Verlag Christoph Dohr Köln
www.dohr.de • info@dohr.de

Lektorat: Christoph Dohr
Layout und Satz: Christian Vitalis
Cover-Foto: Manfred Büttner

Je ein typisches Neupert-Cembalo der drei Epochen
des Cembalobaus im 20. Jahrhundert, von links:
Cembalo Modell K (1912), Cembalo „Bach" (1932), Cembalo „Hass" (2000).

Covergestaltung: Christian Vitalis
Gesamtherstellung: Verlag Dohr Köln

ISBN 978-3-86846-172-5

Gedruckt auf säure- und chlorfreiem,
alterungsbeständigem Papier.

Inhalt

Einleitung

Der Titel dieses Buches mag im Leser die Erwartung einer enzyklopädischen Darstellung des Themas wecken. Hier wird jedoch ein anderer Ansatz verfolgt. Mit dem Buch sollen die vielfältigen Aspekte des im vergangenen Jahrhundert „wiederentdeckten" Cembalos – ohne Anspruch auf Vollständigkeit – aus der Sicht eines zunächst im Klavierbau tätigen Familienunternehmens dargestellt werden. Es begann dort mit der Sammlung historischer Tasteninstrumente, daraus ergaben sich dann über das gesamte Jahrhundert Bau und Entwicklung eigenständiger Instrumente. Begleitend und mitgestaltend nahm man hierbei in zahlreichen Veröffentlichungen auch Stellung zur wechselvollen Geschichte des Cembalos im 20. Jahrhundert.

Am Beginn steht ein Artikel „Zur Renaissance des Cembalos im 20. Jahrhundert", der dem Leser einen das Nachfolgende vorbereitenden, ersten Überblick über die Geschichte des Instruments im vergangenen Jahrhundert vermitteln soll. Es folgt die Schilderung wie die ursprüngliche „Klavier- und Flügelfabrik" J. C. NEUPERT mit dem Cembalo überhaupt in Berührung kam.

Über die „Philosophie", die dem Cembalobau in der ersten Hälfte des 20. Jahrhunderts zu Grunde lag, berichtet das von Hanns Neupert 1953 auf dem Internationalen Kongress für Musikforschung gehaltene Referat „Kopie und Rekonstruktion".

Es folgen Kapitel, in denen das Cembalo mit der Moderne elektronischer Klangverstärkung konfrontiert wird und die physikalischen Parameter des Cembaloklangs untersucht werden. Aus ihnen leiten sich – in einem mathematisch-naturwissenschaftlich gehaltenen Ansatz – prinzipielle bautechnische Unterschiede zwischen Kielklavieren und Hammerklavieren ab.

Die aus der Hinwendung zum historisch informierten Cembalobau in der zweiten Hälfte des vergangenen Jahrhunderts resultierende Grundeinstellung findet ihren Ausdruck in einem Referat des Autors, dessen Titel „Kopie oder Rekonstruktion" sich von dem oben erwähnten Referat Hanns Neuperts zwar nur in der Konjunktion, inhaltlich jedoch, dem gewandelten Zeitgeist entsprechend, fundamental unterscheidet.

Wie wichtig – vor allem für die größeren Werkstätten – das Vertriebssystem ihrer Instrumente war, wird in dem Kapitel „Das Cembalo im Fachhandel" erörtert, dessen Anliegen es war, dem Handel den Zugang zu dem ihm vielfach noch „fremden" Instrument Cembalo zu erleichtern. Die aktuelle Situation, wie es 1986 um das Cembalo stand, beschreibt das folgende Kapitel. Anschließend kann man nachlesen, dass es für die Cembalobauer auch nicht ganz selbstverständlich war, sich in die etablierten Strukturen des Bundes Deutscher Klavierbauer einzubringen. Viele von ihnen, vor allem die „Einzelkämpfer", entschieden sich daher für die keinem Verband verpflichtete Eigenständigkeit.

Die folgenden vier Artikel beschäftigen sich – sei es Bauweise, Instandhaltung oder Restaurierung – mit der praktischen Arbeit am Instrument selbst.

In dem Interview mit der Cembalistin Rebecca Maurer zieht der Autor Bilanz mit den vielfältigen Aspekten des Cembalos, denen er in seiner beruflichen Tätigkeit gegenüberstand.

Einer das Jahrhundert begleitenden Frage „Cembalo oder moderner Flügel" für die Wiedergabe barocker Klaviermusik widmet sich ein Referat, das nach einem geschichtlichen Überblick über die bis dato hierzu vertretenen Positionen in seinem zweiten Teil dank der Beweiskraft neuerer naturwissenschaftlicher Erkenntnisse für sich in Anspruch nehmen kann, die Beantwortung der Frage zu einem in sich schlüssigen Ende zu führen.

Die folgenden Kapitel informieren über die aus der Wiederentdeckung des Instruments hervorgegangene Cembalomusik des 20. Jahrhunderts sowie über den Einsatz historischer Tasteninstrumente in zeitgenössischer Musik.

Die vielfältigen, oft über Jahrzehnte sehr freundschaftlich gewachsenen Kontakte zu den Musikern, finden exemplarischen Ausdruck in den „Lorbeerkränzen" für Liselotte Selbiger und Karl Richter.

In einer Besprechung des Buches „Cembalobau, Erfahrungen und Erkenntnisse der Werkstattpraxis" seines Kollegen Martin Skowroneck, eines der wichtigsten Pioniere der Hinwendung zum Cembalobau nach historischen Vorbildern, setzt sich der Autor mit Skowronecks Bauphilosophie ebenso unterstützend wie kritisch auseinander.

Auf welch breiter Basis der deutsche Cembalobau im 20. Jahrhundert stand, zeigt das vom Autor erstellte „Archiv deutscher Cembalobauwerkstätten 1899–2012". Über 100 Werkstätten widmeten sich bzw. widmen sich bis heute dem professionellen Cembalobau. Für alle zum Zeitpunkt der Erstellung des Archivs noch aktiven Werkstätten ist eine E-Mail-Adresse angegeben, so dass der Leser einen kompletten Überblick über den aktuellen deutschen Cembalobau gewinnen kann. Ein Personenregister schließt den Band ab.

Auf ein (auch anderswo zu findendes) Literaturverzeichnis wurde verzichtet, zumal die unmittelbar herangezogenen Quellen in den einzelnen Kapiteln angegeben sind. Ein ausführliches, aktuelles Literaturverzeichnis findet sich z. B. in: Jürgen Trinkewitz, Historisches Cembalospiel, Stuttgart 2009.

Bei den in früheren Jahren verfassten Artikeln wurden für dieses Buch geringfügige Korrekturen vorgenommen bzw. die Thematik dieses Buches nicht betreffende Textpassagen eliminiert. Am Ende jedes Kapitels sind – soweit erforderlich – Entstehungsdatum und Vorveröffentlichungen angezeigt.

Möge die vorliegende Zusammenstellung dem Ziel des Buches dienen, sich aus verschiedenen Blickwinkeln ein Bild von Bau und Geschichte des Cembalos im 20. Jahrhundert zu machen.

Zur Renaissance des Cembalos im 20. Jahrhundert

Die Geschichte des Cembalobaus im 20. Jahrhundert gliedert sich in drei relativ klar voneinander abgrenzbare Perioden:

1. Vom Neubeginn des Cembalobaus um die Jahrhundertwende an bis in die 1930er-Jahre, gekennzeichnet durch gussplattenbewehrte, weitgehend am modernen Flügelbau orientierte Instrumente.
2. Von den 1930er- bis zu den 1960er-Jahren, in denen in erster Linie das Cembalo Nr. 316 der Berliner Sammlung, das sogenannte Bach-Cembalo, als Vorbild diente, das zu Mischkonstruktionen aus historischen und modernen Bauelementen führte.
3. Schließlich der Nachbau streng an den erhaltenen historischen Vorbildern der Renaissance und des Barocks orientierter Cembali, wie er sich seit den 1970er-Jahren allgemein durchgesetzt hat.

Die Cembali jeder dieser drei Epochen sind typische Resultate des jeweiligen Zeitgeistes. Das betrifft sowohl ihre spieltechnische und klangliche Disposition wie auch ihr äußeres Erscheinungsbild.

Lassen Sie mich die Geschichte des Cembalobaus im 20. Jahrhundert beginnen mit einem kurzen Rückblick auf das Ende des 19. Jahrhunderts. Es war die emotional geprägte Zeit der Spätromantik. Für sie standen die Klaviermusik Franz Liszts, die Opern Richard Wagners oder die Symphonien Anton Bruckners. Wozu hätte man da ein Cembalo gebraucht? Das Instrument war ja schon zu Beginn des 19. Jahrhunderts im Zuge der Entwicklung des Hammerklaviers und des subjektivistisch-emotionalen Lebensgefühls der Romantik schnell in Vergessenheit geraten.

Der Wiederentdeckung des Cembalos gegen Ende des 19. Jahrhunderts kam die unter dem Begriff „Historismus" bekannte Zeitströmung zugute. Man verstand darunter eine nostalgische Rückbesinnung auf vergangene Kulturepochen und die Einbeziehung ihrer Elemente in Architektur, bildende Kunst oder Musik der Zeit. Sie alle kennen z. B. die damals gebauten neogotischen Kirchen in unseren Städten, denken Sie aber auch in der Musik an Operntitel wie Richard Wagners „Meistersinger" oder an die barocken Satzformen, die Johannes Brahms in seinen Kompositionen verwendet hat. Da lag es nahe, sich auch wieder auf das Cembalo zu besinnen, und so kamen die auf der Pariser Weltausstellung von 1889 gezeigten drei Neubauten von Cembali – je eines von Erard, Pleyel und Tomasini – gerade recht, um das aktuelle Interesse der Öffentlichkeit zu befriedigen. Äußerlich waren diese Cembali zwar ganz in der dekorativen französischen Tradition des 18. Jahrhunderts gestaltet, in der technischen Konstruktion und ihrem daraus resultierenden Klangbild waren sie aber mehr oder weniger am Kenntnisstand des zeitgemäßen modernen Klavierbaus orientiert und entsprachen darin dem ungehemmten Fortschrittsglauben der damaligen Zeit.

Diese drei, die Cembalo-Renaissance auslösenden Cembali der Pariser Weltausstellung, sind erhalten und heute im Berliner Musikinstrumentenmuseum zu besichtigen. Unter ihnen setzte sich bezeichnenderweise das am konsequentesten den Konstruktionsprinzipien des modernen Flügelbaus verpflichtete Cembalo von Pleyel in den folgenden Jahren durch, vor allem auch infolge der Zusammenarbeit Pleyels mit der Protagonistin des Cembalospiels, der polnischen Künstlerin Wanda Landowska. Sie hatte als Pianistin in Polen begonnen. Während ihrer weiteren Ausbildung in Berlin lernte sie die historischen Cembali des Berliner Museums kennen und verschrieb sich von da an dem historischen Tasteninstrument mit Leib und Seele.

Louis Diemer mit seinem Ensemble am zur
Weltausstellung Paris 1889 gebauten Pleyel-Cembalo

Dank ihrer starken Persönlichkeit und der sie umgebenden Aura des Außergewöhnlichen wurde Wanda Landowska mit ihrem Cembalospiel zu einer Künstlerin, die man heute als Megastar oder Global Player bezeichnen würde, die dem Cembalo unschätzbare Dienste leistete bei seiner Wiedereingliederung in das Musikleben. Ihre klangästhetischen Vorstellungen konnte Wanda Landowska auch gegenüber den Cembalobauern von Pleyel durchsetzen. Sie hatte damit wesentlich Anteil daran, dass man sich im Cembalobau im ersten Drittel des 20. Jahrhunderts am modernen Flügel orientierte, auch verhalf sie Pleyel damit zu einer führenden Position im Cembalobau dieser Epoche.

Bei ihrem Einsatz für das Cembalo ging es ihr weniger um historisch getreue Aufführungspraxis. Vielmehr wollte sie mit dem Cembalo gegenüber dem Flügel in erster Linie ein Instrument zur Verfügung haben, das dank seiner Pedale eine Vielzahl verschiedener Klangfarben im schnellen Wechsel bereitstellen konnte. Diese Klangfarbenvielfalt entsprach genau dem Geist der Zeit, wie ihn Claude Debussy mit seinem Credo „Musik ist Farbe" beschrieb. Für die neuen Instrumente galt dabei uneingeschränkt das von prominenter Seite geprägte Motto: „Lassen wir die alten Instrumente ruhen, wir haben bessere."

Wie war das Cembalo dieser ersten Periode im 20. Jahrhundert im Einzelnen gebaut? So gut wie in allen bautechnischen Entscheidungen orientierte man sich, wie schon erwähnt, am modernen Flügelbau. Man wusste sich damit auch gegenüber den Kunden auf der sicheren Seite, denn für die vom Klavier kommenden Cembalospieler der damaligen Zeit war – vereinfacht ausgedrückt – dasjenige Cembalo das Beste, das einem modernen Flügel am ähnlichsten war.

Es begann damit, dass man statt des kastenförmigen Korpus historischer Cembali einen massiven Rasten baute, wie er sich für den Flügelbau seit dem 19. Jahrhundert als zweckmäßig erwiesen hatte. Aber da man ja in der Lage war, im Klavierbau die Saitenspannung mittels eines gusseisernen Rahmens abzufangen, bekamen selbstverständlich auch die Cembali dieser ersten Periode einen gusseisernen Rahmen. Laut sollten die neuen Cembali auch sein. Also zog man auf den panzerhaft gesicherten Korpus stärkere Saiten auf und stattete das Instrument mit einem entsprechend dicken, vielfach berippten Resonanzboden aus.

Keine Frage, dass das neue Cembalo auch Klaviaturen mit den Mensuren und den Führungen bekam, wie sie sich im modernen Flügelbau bewährt hatten. Und anstatt des lästigen Schaltens der Register mit Handhebeln beim historischen Cembalo bediente man sich nun einer ausgefeilten Pedalanlage mit üblicherweise sieben Pedalen. Manche davon noch dazu mit Negativwirkung, d. h., wenn man ein bestimmtes Pedal trat, wurde das zugehörige Register ausgeschaltet, statt wie üblich eingeschaltet. Also, die Cembalisten dieser Epoche brauchten wirklich intelligente Füße.

Man ist geneigt als Fazit zu sagen: Das historische Cembalo stand weinend daneben. Aber es war eben – man kann das gar nicht oft genug wiederholen – der Geist der Zeit, der zu diesem bautechnischen Ergebnis führte. Dass man damit auch nur ein bestenfalls mittelmäßiges klangliches Ergebnis errichte, fiel gar

NEUPERT-Cembalo Modell K, Bamberg 1912

nicht weiter auf, weil man ja keine klanglichen Vergleichsmöglichkeiten hatte.
Die erhaltenen historischen Cembali schlummerten so gut wie alle unrestauriert
und unspielbar in den Museen.

Eine physikalische Erklärung, warum man sich mit den Konstruktionsprinzipien dieser Cembalo-Neubauten der ersten Generation auf einem Irrweg befand,
habe ich schon an anderer Stelle gegeben.[1] Ich darf hier kurz das Resümee wiederholen:

Beim Hammer des Klaviers wirken das Material und die relativ breite Auf-
schlagfläche des Hammerfilzes auf die Saite als ein Klanggenerator, der relativ
wenig Obertöne erzeugt. Um trotzdem einen brillanten Klavierklang zu erhal-

1   Siehe im vorliegenden Band den Artikel „Zu prinzipiellen bautechnischen Unterschieden…",
    S. 51 ff.

ten, muss man ein hochfrequent abgestimmtes Resonanzsystem nachschalten. Das haben die modernen Klavierbauer z. B. mittels starker, eng berippter Resonanzböden mit großem Erfolg getan. Beim Cembalo ist die akustische Situation genau umgekehrt. Man hat mit der schmalen, harten Spitze des die Saite anreißenden Kiels einen Klanggenerator, der vor allem die hohen Frequenzen anregt. Zum Erhalt eines ausgewogenen Klangspektrums braucht man daher einen tief abgestimmten nachgeschalteten Resonanzkörper. Ein nach historischem Vorbild, also in Kastenbauweise erstellter Resonanzkörper mit seinen tief liegenden Hohlraumresonanzen und seinem dünnen, oft unberippten Resonanzboden erfüllt diese Forderung vorzüglich. Koppelt man hingegen den Klanggenerator des Cembalos mit einem hochabgestimmten, am Klavierbau orientierten Resonanzkörper, dann erhält man zwangsläufig ein nur wenig grundtöniges, spitzes Klangbild, das gemeinhin als „Gezirpe" empfunden wurde.

Man sollte diese Cembali der ersten Generation aber nicht in Grund und Boden verdammen. Sie waren die Pionierinstrumente, die das Cembalo erfolgreich wieder in unser Musikleben zurückbrachten, auch bildeten sie die Basis für die weitere Entwicklung des Cembalobaus und die Integration des Instruments in die musikalische Aufführungspraxis.

Unter dem Einfluss der „Orgelbewegung", die in den 1920er-Jahren erfolgreich bemüht war, den originalen Klang barocker Orgeln wiederzugewinnen mit allen sich daraus ergebenden Folgen für die Aufführungspraxis, wurde man auch im Cembalobau für eine gewisse Aufgeschlossenheit gegenüber den historischen Vorbildern sensibilisiert. Es entstanden die Cembali der zweiten Epoche des 20. Jahrhunderts. Bei der als notwendig empfundenen Neuorientierung kam es aber zu einem folgenreichen Missverständnis. Dieses Missverständnis hat den bürokratisch nüchternen Namen „zweimanualiges Cembalo Inventar-Nummer 316" der Berliner Instrumentensammlung. Dieses Cembalo hatte der ebenso berühmte wie geschäftstüchtige Instrumentensammler Paul de Wit aus Leipzig gegen Ende des 19. Jahrhunderts mit der Legende ausgestattet, es sei aus dem Besitz Johann Sebastian Bachs. Damit gelang es ihm, das Instrument zu einem horrenden Preis an den Preußischen Staat zu verkaufen. Nach dem heutigen Stand der genealogischen Forschungen zu diesem Cembalo wurde es um 1710 von Johann Heinrich Harras aus Großbreitenbach in Thüringen gebaut. Mit einiger Sicherheit spielte darauf Johann Sebastians Sohn Wilhelm Friedemann, als es sich im Besitz des Grafen Voß in Berlin befand. Es ist somit zumindest ein Instrument aus dem Umkreis Johann Sebastian Bachs, für ihn selbst als Eigentümer gibt es allerdings keinerlei Beweis.

Dank der bis in die 1920er-Jahre noch unbestrittenen Zuschreibung des Cembalos an Johann Sebastian Bach war dieses Instrument natürlich von der Aura des Außerordentlichen umwoben. Im Zuge des neu geweckten historischen Bewusstseins stürzten sich die Cembalobauer daher gerade auf dieses Cembalo.

Es wurde eine Vielzahl sogenannter Bach-Cembali gebaut von einer gleichzeitig zunehmenden Anzahl an Cembalowerkstätten, die ihre Existenz auf das wachsende Interesse an Alter Musik gründeten.

Das Fatale an der übermächtigen Orientierung an dem Berliner Cembalo Nr. 316 war nun aber, dass es keineswegs typisch war für seine Zeit, sondern dass es ein ausgesprochenes Außenseiterinstrument darstellt, in relativ schwerer Bauweise, mit einem im Barock eher seltenen 16'-Register und einer Disposition, die den 4' nicht wie üblich ins Untermanual, sondern ins Obermanual des Cembalos legt.

Die Instrumentenbauer blieben daher – ermutigt von der schweren Konstruktion des Vorbilds – beim Nachbau auch weiterhin bei der Rastenbauweise. Auf was man immerhin verzichtete, war die schwere gusseiserne Platte, für die es ja nun wirklich kein historisches Vorbild gab. Und auch im Tastenbild verließ man die Klaviermensuren und übernahm die Konvention französischer Original-Cembali mit dunklen Untertasten und weiß belegten Obertasten. Die Tastenbreiten wurden dem historischen Cembalo angepasst, also schmaler gemacht als es moderne Klaviertasten sind. Ansonsten blieben aber die Attribute erhalten, die wir schon bei den Cembali der ersten Generation kennengelernt hatten, insbesondere die Pedalschaltung für die Register. Auch die mechanische Ausformung von Klaviatur und Resonanzboden verharrte in der Denkweise des Klavierbaus: Die Klaviaturen behielten Vordertastenführung, die Tastenführungen selbst blieben ausgetucht, die Tastenhebel schwer ausgebleit. Die Resonanzböden wurden weiterhin erheblich stärker gefertigt und berippt als bei historischen Cembali.

Man war somit bei der Suche nach dem rechten Cembaloklang auf halber Strecke stehen geblieben und erreichte ein Klangbild, das zwar in der damaligen Zeit als „cembalogemäß" angesehen wurde, aber nach unseren heutigen Maßstäben keineswegs die historisch vorgegebenen instrumentenbaulichen Möglichkeiten ausschöpfte.

Trotz der Vorbehalte, die man diesem „Bach-Cembalo" aus heutiger Sicht entgegenbringt, war es in den 1930er- bis 1960er-Jahren das Maß der Dinge. Der Einschränkungen war man sich damals nicht bewusst, wie die Urteile einer Vielzahl führender Musiker zeigen, die seinen Klang als authentisch und als das wahre Klangbild zur Wiedergabe etwa der Werke Johann Sebastian Bachs priesen. Tonangebend war damals der wohl berühmteste Cembalist seiner Epoche, der Amerikaner Ralph Kirkpatrick, der seine Einstellung zu dem Bach-Cembalo von NEUPERT in einem – hier gekürzt zitierten – Brief aus dem Jahr 1948 wie folgt kundtat:

> „Ich möchte Ihnen gratulieren zu der Verbreitung in ganz Deutschland des Modells B-Cembalos, das ich überall gespielt habe. Dieses Instrument ist eines der wenigen modernen Cembali, die die echte Cembalotradition sowohl in der Spielart als auch im Klang weiterführen. Die ganze Cembaloliteratur

NEUPERT-Cembalo „Bach", Bamberg 1932

läßt sich auf diesem Instrument höchst erfreulich wiedergeben, ohne daß man jemals der stilgetreuen Klangauffassung oder Spielart Gewalt antun müßte, wie es sonst bei vielen modernen Cembali der Fall ist. Alle Register sind aufs Schönste ausgeglichen und ermöglichen die Klangfarben, die von den Cembalokomponisten beabsichtigt waren. Das Problem ein Instrument zu bauen für die ganz verschiedenen Stile und Epochen der Cembalokunst, haben Sie aufs Glücklichste gelöst."

Es scheint aus Gründen der Objektivität notwendig, Kirkpatrick als Originalquelle zu zitieren, weil man sich später immer wieder – aus welchen Gründen auch immer – an der Geschichtsklitterung versucht hat, Kirkpatrick habe diese Cembali geradezu gehasst.

Lassen Sie mich noch ein Wort zu dem doch recht schmucklosen Äußeren des Bach-Cembalos sagen. Das ist nicht nur eine Konzession an das ebenfalls schlichte

Äußere des Berliner Instruments Nr. 316, sondern man muss es aus dem Geist der Zeit, den 30er Jahren des vorigen Jahrhunderts verstehen, als diese Cembali in Deutschland entwickelt wurden. Damals war in Deutschland die Ästhetik des Bauhauses stilprägend, in der an Stelle von überkommenen dekorativen Elementen Funktionalismus und Konstruktivismus das Design bestimmten.

Die dritte, bis heute andauernde Epoche des Cembalobaus im 20. Jahrhundert begann unter dem Druck der Forschungsergebnisse, der wachsenden Kenntnis über die Musik, die Musizierweise und vor allem auch die Instrumente des 16.-18. Jahrhunderts. Und auch hier gab es eine Initialzündung, wie es für die erste Epoche die Pariser Weltausstellung von 1889 und für die zweite Periode das Berliner Cembalo Nr. 316 war: Der amerikanische Cembalobauer Frank Hubbard aus Boston hatte ein mehrjähriges staatliches Stipendium zur Erforschung des historischen Cembalobaus erhalten. Er bereiste daraufhin alle wichtigen europäischen Musikinstrumentenmuseen und untersuchte systematisch die dortigen Instrumente. Das Ergebnis legte er 1965 in einem epochalen Standardwerk vor mit dem Titel „Three Centuries of Harpsichord Making", das die Kenntnis über den historischen Cembalobau und vor allem seine nationalen Eigenheiten mit einem Schlage beträchtlich vermehrte.

Damit sich die Rückbesinnung auf die Bauweise historischer Cembali allgemein durchsetzen konnte, die Folgen aus Hubbards grundlegendem Werk gezogen wurden, musste die Zeit erst reif sein. Es hatte ja schließlich schon früher derartige Versuche gegeben. In den 30er Jahren etwa gründete Josef Mertin in Wien eine Bewegung, die für das exakte Kopieren historischer Cembali eintrat. In Deutschland bemühten sich Rainer Schütze und Martin Skowroneck seit den 1950er-Jahren in diesem Sinne, ohne allerdings zunächst Breitenwirkung zu erzielen. Die Zeit für die Durchsetzung dieser Ideen war damals eben noch nicht gekommen.

Es lässt sich das auch konkret aus der Firma meiner Familie belegen: Bis zum Jahr 1968 war in unseren Bamberger Werkstätten die jetzt im Germanischen Nationalmuseum Nürnberg befindliche, etwa 300 Exponate umfassende Klavierhistorische Sammlung Neupert ausgestellt. Wenn Besucher bzw. Kunden kamen, wurden sie nach dem Spiel auf den neuen Instrumenten meist auch noch zu den Museumsinstrumenten geführt. Es hieß dann zwar stets aus ihrem Munde „Ach wie schön", dabei klang aber immer mit an, heute gibt es zum Glück viel besser konstruierte und zuverlässigere Cembali. Keiner der Besucher kam auf die Idee zu sagen: „Wie schön, können Sie mir nicht eine Kopie dieses oder jenes historischen Cembalos bauen".

Wie sieht nun die Konstruktion eines nach historischen Vorbildern gebauten Cembalos aus? Man kann es in erster Näherung an einem leicht merkbaren Schlagwort festmachen: Die Rastenbauweise wurde ersetzt durch die Kastenbauweise. Es handelt sich also nur um die Änderung eines einzigen Buchstabens mit derart weitreichenden Folgen.

Die historischen Cembali hatten als Resonanzkörper durchweg einen geschlossenen Kasten wie eine Gitarre oder eine Geige. Wenn man ein Cembalo mit einem derartigen Kastenresonator baut, dann tragen zum Klang nicht nur die Eigenschwingungen des Resonanzbodens bei, sondern auch die Hohlraumresonanzen des eingeschlossenen Luftvolumens. Diese Wechselwirkung zwischen Hohlraumresonanzen und Resonanzbodenschwingungen macht den Klang reicher und dabei auch noch grundtöniger.

In den Resonanzkörper sind dabei gerade so viele Versteifungen und Verstrebungen eingebaut, dass der beim historischen Cembalo gegenüber Klavieren ohnehin sehr viel geringere Saitenzug – wir reden hier von Zugkräften zwischen 3 und 6 Kilopond pro Saite – sicher aufgefangen werden kann. Die Bauregel lautet in eingängiger Form: So viel Versteifung wie nötig, so wenig Versteifung wie möglich.

Die auf das historische Cembalo aufgebrachten, natürlich ebenfalls sehr viel schwächeren Saiten – die Durchmesser liegen im Bereich 0,20 bis 0,70 mm – bringen allein schon aus physikalischen Gründen den Vorteil eines saubereren Klangs mit sich, weil ihr Obertonspektrum wegen des geringeren Saitendurchmessers wesentlich weniger Inharmonizitäten enthält als das einer dicken Klaviersaite.

Übernimmt man nun auch den dünnen, wenig oder gar nicht berippten Resonanzboden der historischen Cembali – es handelt sich typisch um Resonanzbodenstärken zwischen 2 und 3 mm – so gewinnt man zwei weitere Vorteile: Einmal sinkt nach der Theorie der schwingenden Platten, als die man die Resonanzböden ansehen kann, die Eigenfrequenz mit der vierten Potenz der Plattenstärke. Das heißt, die Eigenfrequenz einer Platte sinkt auf 1/16, wenn man die Plattendicke halbiert. Wenn Sie sich an das eingangs Gesagte erinnern, dass man beim Cembalo einen möglichst tief abgestimmten Resonanzkörper benötigt, dann ist man mit dem Ausdünnen des Resonanzbodens also genau auf dem richtigen Weg. Die Untergrenze für die Resonanzbodenstärke ist natürlich da erreicht, wo die Stabilität des Bodens unter Steg- und Saitendruck gefährdet ist.

Der zweite, aus der zarten Konstruktion resultierende Vorteil ergibt sich daraus, dass die in der Saite verfügbare Schwingungsenergie nur eine sehr viel geringere Holzmasse zur Schwingung anregen muss und sich damit ein höherer Wirkungsgrad (also das Verhältnis von Klangenergie zu Anzupfenergie) erzielen lässt.

Die aus den erhaltenen historischen Cembali abzulesende Tendenz zu einer wesentlich leichteren Bauweise gegenüber den Cembali der ersten und zweiten Generation des 20. Jahrhunderts überträgt sich auf alle Bauelemente der Instrumente, und zwar nicht nur aus akustischen, sondern auch aus spieltechnischen Gründen.

Widmen wir uns der Klaviatur eines historischen oder in historischer Weise nachgebauten Cembalos. In den Cembali der ersten und zweiten Generation hatte man die Klavierbautradition übernommen, dass die Hintertastenhebel – um ihren sicheren Rückfall und das gewünschte Spielgewicht zu erhalten – ausgebleit wurden. Das führt zu mehr oder weniger schwergängigen und klobigen Tasten, auf die man wie bei einem Automaten drückt, um gegebenenfalls im Cembalo einen zirpenden Ton zu erzeugen. Man kann aber eine Klaviatur auch so bauen, dass man nicht die Hintertastenhebel ausbleit, sondern stattdessen von der Unterseite der Vordertastenhebel so viel Holz wegnimmt, dass die Tasten trotzdem in der gewünschten Weise fallen und man gleichzeitig einen sehr viel leichteren Tastenanschlag erhält. Verzichtet man jetzt noch auf eine Tuch- oder Ledergarnierung der Tastenführungen und ersetzt die Vordertastenführung zum Beispiel durch eine Kanzellenführung der Hintertasten, dann erhöht das die Spielsensibilität der Klaviatur ganz erheblich. Der Spieler spürt beim Anschlag einer derartigen Taste – das französische „toucher" = „berühren" für den Tastenanschlag wäre hier eigentlich das richtige Wort – in der Fingerkuppe direkt den Anzupfvorgang des Kiels an der Saite und kann ihn somit auch beeinflussen. Der an sich starre Cembaloton lässt sich damit vom Künstler in gewissen Grenzen nuancieren und artikulieren, er fördert beim Cembalospiel die „Musikalische Klangrede", wie sie etwa Nikolaus Harnoncourt in seinen Schriften fordert.

Wenn man schon eine leichtgängige Klaviatur hat, dann möchte man sich diesen Vorzug auch nicht wieder mit zu schweren Springern verscherzen. Man kam daher ab von den schweren Plastik- und Metallspringern und kehrte zurück zu möglichst schmal dimensionierten Holzspringern, meist aus Birnbaum oder Elsbeere. Und auch hier führte die Abkehr von scheinbar fortschrittlichen Materialien zu einer weiteren sinnvollen Änderung. Hatte man bisher für die Springerrechen Messing verwendet im Hinblick auf dessen hohe Materialkonstanz bei größeren klimatischen Schwankungen, so stellte sich jetzt heraus, dass der historische Holz-Springerrechen einen nicht gering zu schätzenden Vorteil mit sich bringt. Das Holz der historischen Cembalokonstruktion wächst und schwindet mit höherer oder niedrigerer Relativer Luftfeuchtigkeit, während Messing nahezu unverändert bleibt. Das führt bei Cembali mit Messingrechen dazu, dass sich für die in Messing geführten Springer und damit für die Kiele der Abstand zur zugehörigen Saite verändert. Damit wird der Klang allein aus klimatischen Gründen lauter oder leiser und man muss nachintonieren – bis zur nächsten größeren Änderung der Luftfeuchtigkeit, mit der das Spiel von Neuem beginnt. Hat man hingegen Holzspringerkästen, so wachsen und schwinden sie zusammen mit den anderen Holzteilen des Cembalos und es bedarf keiner Nachintonation.

Auch bei der Art und Weise, wie die Cembalo-Register betätigt wurden, zeigte sich, dass die bisher gepriesenen Vorzüge der Registrierung über Pedale eigentlich kein Vorteil waren. Die inzwischen gewonnenen Forschungsergebnisse zur historischen Aufführungspraxis belegten nämlich, dass man in Renaissance und Barock nie während eines Satzes umregistrierte, sondern stets nur in den Pausen zwischen einzelnen Sätzen, während derer man genügend Zeit hatte, die Hände von den Tasten zu nehmen und die auch keineswegs immer bedienfreundlich angebrachten Handhebel – man denke nur an die Flankenzüge flämischer Cembali – zur Umregistrierung zu betätigen.

Der von Wanda Landowska zu Beginn des 20. Jahrhunderts geäußerte Wunsch nach einem Tasteninstrument mit möglichst vielen, schnell verfügbaren Klangfarben, war damit unter den Erkenntnissen der Musikforschung obsolet geworden. Man orientierte sich nun in erster Linie am vollen Klang des Prinzipal-8'-Registers des historischen Cembalos und ging bescheiden um mit dessen Variationsmöglichkeiten, z. B. der Kopplung von 8'-Registern, dem Hinzufügen eines 4- oder 16-Fußes oder dem Einsatz eines Lautenzugs. Musikalisch interessant gestalten konnte man das Cembalospiel am historisch gebauten Instrument nun mit der bereits beschriebenen Nuancierung des Anschlags, einem ausgeprägten Rubato-Spiel oder dem musikbezogenen Einsatz der reichen barocken Spielornamentik. Das Cembalo erwies sich so als auch zur Wiedergabe affektbetonter Musik geeignetes Instrument.

Die Rückbesinnung auf das historische Cembalo erweiterte unser musikalisches Blickfeld noch in ganz anderer Weise. Man lernte, dass italienische, flämische, französische, englische Cembali – um nur die am klarsten unterschiedenen zu nennen – ganz unterschiedlich gebaut sind, zu ganz verschiedenen klanglichen Ergebnissen führen und dass sie im Einklang stehen mit der Musik des jeweiligen Landes. Es gab ja schließlich zu Zeiten des Barocks noch keine Europäische Union, der Informationsaustausch zwischen den Ländern war noch recht gering, jede Landeskultur gedieh weitgehend autark. Nun war klar, dass es ein „Universalcembalo", wie es die Instrumente der ersten und zweiten Periode sein wollten, nicht geben kann, dass vielmehr die Musik jedes Landes und jedes Komponisten in ganz engem Zusammenhang mit einem bestimmten Cembalotypus steht.

Es hätten herrliche Zeiten für die Cembalobauer anbrechen können, wenn sich diese Erkenntnis in dem Sinne durchgesetzt hätte, dass jeder Musiker sich für jeden Komponisten das passende Cembalo anschaffen muss.... So weit kam es aber aus gut nachvollziehbaren Gründen nicht.

Aber immerhin erschloss der erweiterte wissenschaftliche und bautechnische Kenntnisstand auch zusätzliche Interessentenkreise für das Cembalo. Dazu gehörte auch eine von den beruflichen Cembalobauern nur bedingt geschätzte, vor allem in den 70er und 80er Jahren mitgliederstarke Klientel, nämlich die Verfertiger von Cembali aus Selbstbausätzen. So ziemlich jeder, der früher schon mal ein vierrädriges Gebilde für ein Seifenkistenrennen gebaut hatte, sah sich nun befähigt, ein Cembalo zu bauen. Eine aggressive „Do it yourself"-Werbung tat ihr Übriges.

Diese Bewegung konnte für sich einen sehr angenehmen Vorteil buchen. Wer mit seinem Bausatz nicht zu Rande kam, schämte sich still und heimlich und ließ nichts davon an die Öffentlichkeit dringen. Die wenigen Erfolgreichen hingegen veranstalteten großes Jubelgetöse, wie souverän sie diese Aufgabe gelöst hätten.

Für die Berufscembalobauer sah und sieht die Situation ja genau umgekehrt aus. Wenn ein Instrument gut und störungsfrei gelingt, dann wird der Kunde stillvergnügt für sich musizieren und sich in aller Regel nicht melden. Tritt aber nur die kleinste Störung auf, dann herrscht oft die hellste, lautstark nach allen Seiten geäußerte Empörung.

Mit diesen Bemerkungen sollen freilich nicht die wenigen Amateure desavouiert werden, die wirklich ein brauchbares Ergebnis aus den Bausatz-Cembali zustande gebracht haben. Im Gegenteil: Ihnen gilt mein staunender Respekt, dass sie etwas – worum sich andere ihr ganzes Berufsleben über bemühen – in einem einzigen Zug bewältigt haben. Wie auch immer, die Selbstbaubewegung gehört unzertrennlich zur Geschichte des Cembalobaus im 20. Jahrhundert und muss hier Erwähnung finden – auch wenn sich konstatieren lässt, dass sie heute auf ein verschwindend kleines Maß zurückgegangen ist.

Abschließend möchte ich Ihnen noch das NEUPERT-Cembalo „Hass" der dritten Generation vorstellen: Es ist der auch im Äußeren am Original orientierte Nachbau eines zweimanualigen Cembalos von Hieronymus Albrecht Hass, Hamburg 1734. Die Vorlage fällt damit in die Schaffenszeit Johann Sebastian Bachs und im weiteren Sinne auch in das Land, in dem er lebte. Besonders gut geeignet für die Wiedergabe Bachscher Musik macht dieses Cembalo auch die Tatsache, dass es ein 16'-Register besitzt. Jüngere Forschungen haben ja ergeben, dass Bach darauf sah, für seine Konzerte ein Instrument mit 16' zur Verfügung zu haben.

Gestatten Sie mir bitte noch kurz auf die Problematik des Einbaus eines 16'-Registers in ein Cembalo einzugehen. Es bieten sich hierzu zwei Lösungswege an:

1. Man kann für das Aufbringen der 16'-Saiten den 8'-Klangsteg aufdoppeln. Technisch ist das zwar eine einfache Lösung, wie sie ja auch meist für die Cembali der ersten und zweiten Periode angewandt wurde, sie bringt aber einen nicht unerheblichen Nachteil dadurch mit sich, dass man für die 16'-Saiten nur die kurze Mensur der entsprechenden 8'-Saiten zur Verfügung hat. Die Folge davon ist, dass man auf relativ dicke, inharmonische Klanganteile erzeugende Saiten ausweichen muss.

2. Die andere Möglichkeit ist ein Verlängern des Resonanzbodens über den 8'-Steg hinaus, sodass der 16' einen eigenen Resonanzboden mit eigenem Klangsteg erhält. Dies bedingt neben größerer Baulänge des Instruments

NEUPERT-Cembalo „Hass", Bamberg 2000

einen 16'-Klangsteg, der erheblich höher sein muss als der 8'-Steg. Frank Hubbard äußerte die Vermutung, dass diese große Höhe des 16'-Stegs sich ungünstig auf den Klang auswirkt – ein Umstand, den wir aus eigenen früheren Erfahrungen nur bestätigen können. Er verwies daher auf die auch bei Hass anzutreffende Lösung, den gesonderten 16'-Resonanzboden so viel höher zu legen, dass man für 8' und 16' die gleichen Steghöhen erhält. Diesem Vorschlag sind wir auch bei unserem Cembalo „Hass" gefolgt.

In Übereinstimmung mit dem Original ist die Disposition des NEUPERT-Cembalos „Hass" so ausgelegt, dass man im Untermanual 8', 16' und 4' zur Verfügung hat, das Obermanual aber nur mit einem weiteren 8' ausgestattet ist, der damit zum Echo-Register wird. Diese Forderung an die Disposition hatten schon seit langem viele Cembalisten gestellt, vor allem im Hinblick auf eine adäquate Interpretation z. B. von Johann Sebastian Bachs „Italienischem Konzert".

Wir wollten aber auch die den Cembalisten vertraute, bereits beschriebene Disposition des Berliner Cembalos Nr. 316 mit dem 4' im Obermanual ermöglichen und haben daher in unser Cembalo eine sogenannte 4'-Transmission eingebaut, die durch einfaches Einschieben des Obermanuals den 4' auch vom Obermanual aus spielbar macht.

Wenn ich Ihnen jetzt Bauweise und Vorzüge der Cembali der dritten Periode geschildert habe, wie sie heute eine weitgehende Akzeptanz in der Aufführungspraxis Alter Musik finden, so erfordert das Bemühen um eine gewisse Vollständigkeit in der Behandlung unseres Themas noch eine letzte Anmerkung: Man muss zur Kenntnis nehmen, dass alle wesentlichen Cembalokompositionen des 20. Jahrhunderts – und es gibt deren erstaunlich viele – für den Cembalotypus der ersten und zweiten Periode geschrieben sind. Das beginnt mit dem Cembalokonzert von Manuel de Falla aus dem Jahre 1926 und geht über die Konzerte von Poulenc, Martin, Distler bis hin zu den bedeutenden Cembalokompositionen von Ligeti und Xenakis gegen Ende des Jahrhunderts, obwohl zu dieser Zeit die Cembali der dritten Generation eigentlich schon das Maß der Dinge waren. Es mag dies damit zusammenhängen, dass die zeitgenössischen Komponisten das Cembalo vor allem als ein Instrument mit motorischem und perkussivem Charakter verstanden bzw. verstehen. Jedenfalls ist hierdurch eine deutliche Zweispaltung des heutigen Verständnisses vom Cembalo in der Alten Musik bzw. der Neuen Musik festzustellen.

Wie die Entwicklung weiter geht? Ich weiß es nicht. Aber Sie werden es gewiss bei einer BDK-Tagung in 50 Jahren erfahren. Vielleicht am selben Ort, aber gewiss von einem anderen Referenten.

Referat Jahrestagung Bund Deutscher Klavierbauer, Schloss Banz, 9. Mai 2010

Wie das Cembalo zu NEUPERT kam

Nach seiner Blütezeit in Renaissance und Barock verschwand das Cembalo gegen Ende des 18. Jahrhunderts unter dem Druck seines „Konkurrenten", des Hammerflügels, nach und nach aus dem Musikleben. Welche Aufgaben hätte es auch z. B. in einer Beethoven-Symphonie oder gar einer Wagner-Oper erfüllen sollen! Es dauerte fast ein Jahrhundert, bis man sich im Zuge des Historismus des Instruments wieder entsann.

Je ein zur Pariser Weltausstellung 1889 neu gebautes Cembalo der französischen Firmen Erard, Pleyel und Tomasini brachte das Cembalo wieder ins öffentliche Bewusstsein und legte den Keim für das alsbald auch in anderen Ländern erwachende Interesse an dem vergessenen Instrument und seiner Musik. In Deutschland entstand 1899 als erstes ein Nachbau des damals als „aus dem Besitz Johann Sebastian Bachs" angesehenen Cembalos Inv. Nr. 316 des Berliner Musikinstrumentenmuseums. Ausgeführt wurde er von dem Berliner Klavierfabrikanten Wilhelm Hirl, der das Instrument – dem Zeitgeist entsprechend – mit klavierbauerischen Attributen wie einem Gussrahmen und den Mensuren moderner Piano-Klaviaturen ausstattete. Um eigene Cembalo-Neukonstruktionen bemühte sich seit 1902 mit einiger öffentlicher Resonanz auch der Duisburger Klavierbauer Johannes Rehbock. Seinen Instrumenten war jedoch wegen technischer Unzulänglichkeiten kein dauerhafter Erfolg beschieden.

Als eine Pioniertat war es anzusehen, als NEUPERT, eine der überaus zahlreichen Klavierfabriken, die in Deutschland in der zweiten Hälfte des 19. Jahrhunderts wie Pilze aus der Erde geschossen waren, im Jahre 1906 auf der Bayerischen Landesgewerbeschau in Nürnberg der Öffentlichkeit ein selbst konstruiertes Cembalo vorstellte. Wie es dazu gekommen war, hatte eine amüsante Vorgeschichte. Julius Neupert, der 1877 geborene jüngste Sohn des Firmengründers Johann Christoph Neupert, studierte ab 1897 an der Akademie der Tonkunst in München Klavier, Orgel und Tonsatz. Während seiner Studienzeit lernte er in der Schwere-Reiter-Kaserne, dem Vorläuferquartier des Deutschen Museums, die dortige Sammlung historischer Musikinstrumente kennen und schätzen. Als Dauerkarten-Inhaber freundete er sich bald mit dem Konservator des Museums Otto Frank an. Dieser Otto Frank erhielt 1904 von dem hochangesehenen Münchener Architekten Gabriel von Seidl den Auftrag, ihm ein Cembalo zu bauen. Frank nahm zur Wahrung seiner Reputation den Auftrag an, wohlwissend, dass er ihn selbst nicht würde ausführen können. So war er froh, dass er den delikaten Auftrag heimlich über Julius Neupert an dessen älteren Bruder Fritz Neupert in Bamberg weitergeben konnte, der ihm dann das Cembalo baute. Es war ein einmanualiges Cembalo, Gehäuse in Kirschbaum, mit zwei Pedalen. 1905 wurde es Otto Frank (mit versteckt angebrachter NEUPERT-Signatur) geliefert. Die Pläne zu diesem Cembalo und das Instrument selbst sind leider nicht erhalten.

Fritz Neupert, ein von seinem Beruf besessener Klavierbauer, bereitete der Bau eines Cembalos keine größeren Probleme, zumal ihm hierbei eine seit ca. 1890 von seinem Vater angelegte Sammlung historischer Tasteninstrumente zur Verfügung stand. Da er nun schon einmal ein Cembalo für Otto Frank gebaut hatte, nutzte er die gewonnenen Erfahrungen für ein zweites, dann auf der oben erwähnten Ausstellung gezeigtes Instrument.

Welche Bedeutung der Cembalobau künftig für NEUPERT gewinnen sollte, war damals freilich noch nicht abzusehen. Man empfand das erste selbst konstruierte Cembalo eher als eine Reverenz an seine Renaissance und widmete sich zunächst weiter uneingeschränkt dem Klavier- und Flügel-Bau.

Erst dank Wanda Landowska, der gefeierten Pionierin des Cembalospiels, kam es zur nächsten Stufe eigenständigen Cembalobaus. Auch hierbei war wieder eine kuriose Begebenheit der Auslöser. Im Jahre 1910 gab Wanda Landowska ein Cembalo-Recital in Nürnberg. Landowska reiste am Vortag des Konzerts mit ihrem Pleyel-Cembalo an. Da eine Aufstellung des Cembalos im Konzertsaal nicht möglich war, brachte man es in die Nürnberger Geschäftsräume von NEUPERT. Was weiter geschah beschreibt Julius Neupert in seinen handschriftlich hinterlassenen Aufzeichnungen: „Fritz Neupert in Bamberg wurde sofort informiert, machte sich unmittelbar auf den Weg, zerlegte, vermaß und zeichnete das Instrument die ganze Nacht hindurch und war schon wieder verschwunden, als Wanda Landowska am nächsten Morgen zu ihrem, als sei nichts geschehen dastehenden Cembalo kam. Aber man hatte eine Kleinigkeit übersehen. Wanda Landowska war sich ganz sicher, das Instrument am Abend vorher verschlossen verlassen zu haben und war aufs Äußerste irritiert, es nun unverschlossen vorzufinden." Das Rätsel wurde ihr gegenüber nie aufgelöst, es sei denn, sie hätte später einmal die Parallelen zwischen ihrem Pleyel und dem von da an bis 1937 in größeren Stückzahlen gebauten siebenpedaligen NEUPERT-Cembalo Modell K erkannt.

Es kam im weiteren Verlauf des Jahrhunderts zu einem stetig anwachsenden Anteil des Baues von Cembali in der Firma, bis man dann ab den 1970er-Jahren statt als „Klavier und Flügel-Fabrik" endgültig als „Werkstätten für historische Tasteninstrumente" firmierte. Dank des frühen Beginns, der Kontinuität und stetigem Wachstum wurde NEUPERT zur heute weltältesten existierenden und in Deutschland zugleich größten Cembalobauwerkstatt.[1]

---

1 siehe hierzu Hubert Henkel, Artikel „Neupert" in MGG, 2. Ausgabe, Personenteil, Bd. 12, Kassel 2004, Sp. 1026 f.

Hanns Neupert

Kopie und Rekonstruktion

Geschichte und Probleme des Neubaus
von besaiteten Tasteninstrumenten

Ein kurzer geschichtlicher Überblick über die Wiederverwendung von Cembalo und Klavichord in den dabei in Betracht kommenden rund 150 Jahren demonstriert die Auseinandersetzung in der Fragestellung Kopie und (oder) Rekonstruktion oder etwas weiter gefasst Original, Kopie, Rekonstruktion.

Wenn ein Klangmittel aus meist mehr stilistischen als technischen Ursachen aus dem praktischen Gebrauch verschwunden war und nun wieder zur Verwendung kommen sollte, so war es, da es sich dabei zunächst um Einzelfälle handelte, am einfachsten, erhalten gebliebene Originale wieder gebrauchsfähig zu machen. Im Fall Cembalo/Klavichord war die laufende Anfertigung um 1800 zu Ende gegangen. Ferner hatten natürlicher Verschleiß und Verfall in Verbindung mit „höherer Gewalt" in Form von Kriegen, Zerstörungen, Brandschäden unersetzliche Mengen von Kunstgut vernichtet und wurde gerade um die Wende des 18./19. Jahrhunderts oft eine absichtliche Zerstörung alter Tonwerkzeuge vorgenommen. Andererseits verdankt man es der gegen die Jahrhundertmitte wieder auflebenden Sammlerleidenschaft, dass versteckte, unbeachtete oder vergessene, halb verkommene Tonwerkzeuge früherer Zeiten zusammengetragen, wiederhergestellt und damit für Gegenwart und Zukunft einstweilen gerettet wurden.

Es ist nicht erstaunlich, dass gerade im konservativen England, dem Land der Sammler, diese Bewegung zuerst zum Tragen kam. Es ist von dort überliefert, dass 1837 Moscheles sich eines Shudi-Harpsichords aus der Broadwoodschen Sammlung bediente, das dann auch ab 1860 Ernst Pauer bei seinen „Historischen Konzerten" gute Dienste leistete. Noch Ende des Jahrhunderts spielte Richard Buchmayer in London ein Kirkman-Harpsichord von 1798. Das Hauptverdienst um die Wiederverwendung von Originalinstrumenten in England gebührt A. J. Hipkins. Über Morris Steinert kamen seine Gedanken auch nach Amerika. Auf diesem günstigen Boden konnte seit 1894 der Deutsch-Schweizer Arnold Dolmetsch mit Neubauten fortfahren, anfänglich in enger Anlehnung an Vorbilder, später in freiem Neuschaffen.

Große Fernwirkung ging von Frankreich aus, und man bezeichnet üblicher Weise meist das Jahr der dortigen Wiederverwendung des Cembalos durch den Pariser Pianisten Diemer 1888 als das Geburtsjahr des modernen Cembalos. Auch hier stand zunächst ein Originalinstrument von Taskin auf dem Podium. Doch schon der Konzertbericht kündigt den weiteren Verlauf an: „Wie man hört, wollen die Firmen Erard und Pleyel zwei oder drei Clavecins zu Studierzwecken neu bauen". Dies ist tatsächlich geschehen in Form von Neukonstruktionen. Zu Anfang des Jahrhunderts brachte Pleyel sein Konzertcembalo heraus, das freilich in vielen technischen Einzelheiten und damit auch im Klang vom Vorbild ziemlich abwich, aber sich doch mit Wanda Landowska als Schrittmacherin durchsetzte.

Deutschland hatte dem zunächst nichts entgegenzusetzen, denn hier war der Weg vom wieder verwendeten Original erst bis zur Kopie gediehen, die 1900 von Wilhelm Hirl in Berlin vom sogenannten Bachflügel angefertigt worden war, wie später noch mehrmals von C. A. Pfeiffer in Stuttgart, Kopien „mit bewusster Beibehaltung der Schwächen", mehr ideellen und wissenschaftlichen Zwecken dienend, ähnlich den sieben Cembali, die George Steingraeber, Berlin, ab 1907 gebaut hat. Auch die patentierte Neugestaltung eines Cembalos als „Klavierzither" von Johannes Rehbock, Duisburg, später zum „Ibachord" erweitert, und die zwei- und dreimanualigen Spinettflügel von Paul de Wit und Seyffarth, Leipzig 1909, blieben ohne nachhaltige Bedeutung. Eine solche durften den französischen Instrumenten gegenüber erst die um 1907/1908 anhebenden Neukonstruktionen von Mändler-München und Neupert-Bamberg beanspruchen. Wir können es heute rückblickend getrost zugeben, dass sie nach unseren heutigen Begriffen nicht das Idealcembalo repräsentiert haben.

Die Musikforschung musste erst die Begriffe des zeitgebundenen Klangideals erarbeiten und präzisieren, der Instrumentenbau das Sammlungsmaterial sichten und prüfen. Als diese wissenschaftlichen Voraussetzungen in den 20er Jahren vorlagen, hat sich besonders der deutsche Cembalobau den neuen Erkenntnissen nicht verschlossen. Die Ergebnisse kennen Sie. Es hat sich dabei wieder das geheimnisvolle Gesetz zwischen Geist und Technik bewährt, das einem neuen Stilgedanken auch zur rechten Zeit die geeigneten Ausdrucksmittel erstehen lässt. Ich bezeichne diesen Zeitraum der Cembalobewegung als die Zeit der Rekonstruktion.

Wir haben damit folgende Erscheinungsformen erlebt: Original, Kopie, Neukonstruktion und Rekonstruktion. Ich mache dabei einen feinen Unterschied zwischen Neukonstruktion und Rekonstruktion auf unserem Gebiet, denn wichtig ist mir das „Re", die Rückbeziehung auf das Vorbild, die im Wesentlichen bewahrt werden muss, wenn auch manches wirklich ganz neu konstruiert wird.

Originale und Kopien genügen nicht mehr: die einen nicht schon wegen der beschränkten Zahl und der Schonungsbedürftigkeit, die zum Teil dem Alter, zum Teil angeborenen Schwächen zuzuschreiben ist, die anderen nicht, weil sie ja, sofern sie den Namen Kopie verdienen, diese Schwächen bewusst übernehmen. Der moderne Mensch verlangt zumindest rationelle Durchbildung des Mechanischen. Mängel in der Funktion tragen eher zu einer Abwendung vom Instrument bei.

Der Nimbus des Namens eines alten Meisters, die Ehrfurcht vor zwei, drei oder vier Jahrhunderten tönenden Lebens versöhnen mit mancher Schwäche und geben sowohl dem Original als auch der guten Kopie beachtliche Gefühlswerte. Allerdings auch große Namen sind durchaus nicht immer wertbeständig. Man denke nur an das Urteil des Charles Burney 1773, der an den sonst so gerühmten Ruckers-Cembali gar nichts Besonderes fand. Das Klangbild des Cembalos des 18. Jahrhunderts war eben schon wieder ein vom 17. Jahrhundert verschiedenes. Ja, es ist die Frage, ob wir dieses Klangbild früherer Zeiten überhaupt kennen.

Vor einer Stellungnahme betone ich ausdrücklich, dass ich den musikalischen Denkmalswert der alten Musikinstrumente nicht verkenne. Aber ich behaupte, dass wir in den alten Musikinstrumenten, zumindest den Saiteninstrumenten, zwar Originale der Erscheinung und der Materie nach besitzen, dass wir aber keine Originale nach der klanglichen Seite, also keine ursprünglichen akustischen Phänomene ihrer Entstehungszeit vor uns haben. Gerade als Klavierbauer kenne ich die klanglichen Veränderungen, die allein nachlassender Druck und langsam schwindende innere Elastizität bei Resonanzböden verursachen, ganz abgesehen von sonstigen Abnützungserscheinungen und der auch nicht festliegenden Stimmungshöhe.

Es hieße physiologische und physikalische Naturgesetze verneinen, wollte man die heutige Klanggebung solcher historischer Instrumente als identisch mit der anfänglichen bezeichnen. Sie muss heute anders als damals sein; wir kennen also die seinerzeitige Klangwirklichkeit nicht. Dies wird beim klanglichen Vergleich meines Erachtens viel zu wenig berücksichtigt, wiewohl schon früher auf diese Tatsache hingewiesen wurde, z. B. 1892 von Anton Rubinstein und 1908 von Wanda Landowska, die von den toten Resonanzböden der Museumsinstrumente spricht.

Man mag auf den Gedanken kommen, bei solchen gealterten Originalen den ursprünglichen klanglichen Zustand durch Erneuerung der akustischen Anlage getreu nach dem Vorbild wieder herzustellen. Dieser Eingriff wird natürlich nur dann vorgenommen werden können, wenn der Klangwert höher gestellt wird als die materiell unversehrte Erhaltung des Originals. Wir treten aber mit solchen Eingriffen bereits in den Bereich der Kopie ein.

Die Genauigkeit kann dabei beliebig hoch getrieben werden, sowohl der Maßgerechtigkeit nach als auch in der Berücksichtigung der Rohstoffe und Bestandteile. Zeitgenössische Bau- und Behandlungsanweisungen, Bezugstabellen und ähnliches können die reine Maßarbeit unterstützen. Der Aufwand für solche Arbeit kann im Einzelfall verhältnismäßig groß und damit kostspielig werden und trotzdem ist der volle Erfolg der Kopie nie verbürgt. Denn mit Maßstab, Mikrometer und Technologie allein ist es bei allen Kopien, besonders bei Musikinstrumenten nicht getan. Es gibt dabei etwas, das überhaupt nicht kopiert werden kann.

Bei dieser Herstellungsart können bestenfalls Näherungswerte erreicht werden, denn wesentliche Teile der Musikinstrumente bestehen ja aus natürlich gewachsenen Rohstoffen wie Holz, Leder, Kiel. Den Span eines Resonanzbodens z. B. gibt es in dieser Struktur und mit diesen seinen Eigenschaften nur ein einziges Mal.

Über solche naturgegebene Tatsachen täuscht auch das Wort Meisterkopie nicht hinweg. Der verstorbene Arnold Dolmetsch hat wohl recht, wenn er sagt, dass Anfertigen von Kopien ein gutes Training für den Anfänger ist und eine Stufe zur Vervollkommnung sein kann. Aber „the masters did not copy one another".

Für bestimmte Sonderzwecke mag die Kopie gerechtfertigt sein, aber, im Ganzen gesehen, ist sie doch eine unbefriedigende Art der Aneignung fremden Gedankengutes, noch dazu mit viel Unsicherheitsfaktoren belastet.

Bleibt als Letztes die Rekonstruktion. Ich sehe ihr Ziel darin, die alten Klaviertypen in freiem Neuschaffen wieder so zu bauen, dass sie ebenso erklingen, wie sie es vermutlich zur Zeit ihrer damaligen Entstehung getan haben. Das erfordert Abstraktion und Einfühlung. Die alten Originalinstrumente sind dabei unter den vorhin erwähnten Einschränkungen gute Studienobjekte, das zeitlos Wertvolle herauszufinden. Der alte Instrumentenbau war, wie wir schon aus den spärlichen Überresten erkennen, so vielgestaltig und so bar aller starren Normen, dass wir auch uns wohl das Recht nehmen dürfen, das allerdings unverrückbare Ziel der Klangtreue mit den unserer heutigen Zeit entsprechenden Mitteln anzusteuern. Ich würdige dabei alle die Probleme, die mit solchen Neubauten verbunden sind, sei es nun die Frage des Rastenbaues, der Disposition, der Pedalisierung, der Stimmhaltung, der Verwendung moderner Kunststoffe usw. Schließlich auch noch die bisher zu wenig beachtete Tatsache, dass sich unser menschliches Ohr gegenüber früheren Zeiten geändert hat (Verlagerung der Hörschwelle).

Wissenschaftler, Ingenieur und Künstler können sich gerade bei der Rekonstruktion von Musikinstrumenten bestens ergänzen, wenn der heutige Instrumentenbauer aus den Ergebnissen der wissenschaftlichen Forschung richtige Folgerungen zieht und nach den Erfordernissen des jetzigen Gebrauches in persönlicher Überlegenheit und mit künstlerischer Einfühlung Rekonstruktionen baut. Dann vermeidet er für seinen Teil die tödliche Gefahr des Historismus, wie sie heute meines Erachtens in der Kopie liegt. Nur dann kann er durch die Rekonstruktion das auch den modernen Menschen ansprechende Musikinstrument schaffen.

Referat Internationaler Musikwissenschaftlicher Kongress, Bamberg, 1953

Instrumentenbauzeitschrift VIII, 1953, H. 1 und 2

Das elektronisch verstärkte Cembalo

Die Aufführungsbedingungen im 20. Jahrhundert stellten von Anfang an ein Problem dar bei der Wiedereingliederung des Cembalos in das Musikleben. Im 16. bis 18. Jahrhundert war das Cembalo Mitglied in kleinen Ensembles aus zart besaiteten Streich- und eng mensurierten Blasinstrumenten, deren Klangvolumen mit seiner Klangstärke korrespondierte. Musiziert wurde vorwiegend in Schlössern, deren Räumlichkeiten allenfalls für wenige hundert Zuhörer ausgelegt waren.

Nun aber stand das Cembalo bei seiner Renaissance plötzlich einem Instrumentarium gegenüber, das unter den Anforderungen des 19. Jahrhunderts an Mitwirkenden und Klangstärke enorm gewachsen war und in Sälen für gut und gerne 2 000 Besucher musizierte. Nur das arme Cembalo war klanglich nicht mitgewachsen.

Anfangs half man sich bekanntlich mit instrumentenbaulichen Anleihen aus dem modernen Klavier- und Flügelbau wie dem gusseisernen Rahmen, der es erlaubte starke Saiten aufzuziehen und die Instrumente kräftig zu intonieren. Das Ergebnis war ein grobes Klangbild, das mit der feinen Klangästhetik historischer Cembali wenig zu tun hatte. Bissige Kommentare prominenter Musiker, wie z.B. Otto Klemperers, zum Cembaloklang waren die Folge.

Erst die ab etwa 1930 entstandene zweite Generation rekonstruierter Cembali begann darauf Rücksicht zu nehmen, stand aber damit wieder vor dem Ausgangsproblem, dass ein Cembalo sich gegen ein modernes Orchester und einen großen Konzertsaal nicht behaupten konnte. Erste, zielführende Versuche, den Cembaloklang für ein großes Auditorium mittels elektronischer Verstärkung erlebbar zu machen, unternahm Professor Friedrich Trautwein mit einem NEUPERT-Cembalo für eine Aufführung in der Berliner Waldbühne während der Olympischen Spiele 1936.

Nach Kriegs- und Nachkriegszeit war es dann der ungarische Musikwissenschaftler Professor Josef Gát, der NEUPERT 1963 seine in Budapest in Zusammenarbeit mit einem dortigen Ingenieur entwickelte elektronische Verstärkeranlage für Cembali anbot. Das Prinzip war, die Saitenschwingung der Cembalo-

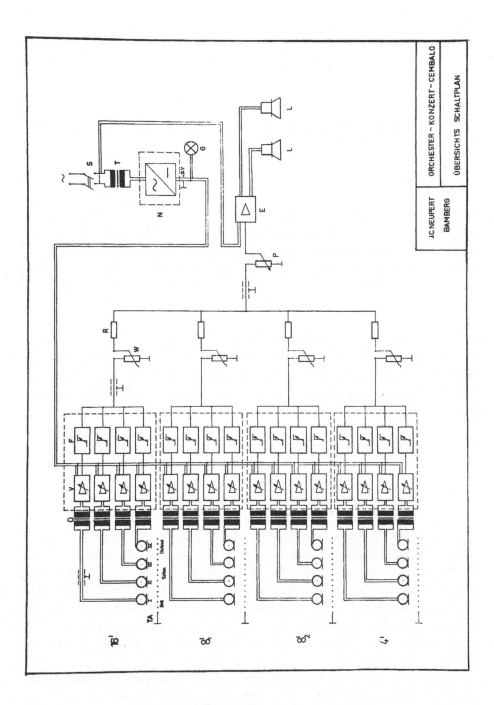

Blockschaltbild des elektronisch verstärkten
NEUPERT-Orchester-Konzertcembalos, Bamberg 1966

Register einzeln magnetisch abzunehmen und verstärkt über am Cembalo angebrachte Lautsprecher abzustrahlen.

NEUPERT baute eine Probeinstrument und führte es im gleichen Jahr bei den Kasseler Musiktagen der Öffentlichkeit vor, wo es alle Erwartungen übertreffend, zu äußerst positiven Reaktionen des Publikums führte.

Für eine Aufnahme des verstärkten Cembalos in das Fertigungsprogramm der Firma war die „Ostblock-Elektronik" des Gátschen Modells doch zu veraltet und auch seine technische Realisierung steckte noch in den Kinderschuhen. Aber die Idee war im Prinzip erfolgversprechend, weil sie nur den Cembaloklang, nicht aber alle eventuellen Nebengeräusche verstärkte.

Der Autor, damals Physik- und Mathematik-Student an der Technischen Universität Berlin, nahm sich der Sache an und brachte an dem unter der Leitung von Prof. Dr. Fritz Winckel stehenden „Lehrgebiet Studiotechnik" der Technischen Universität das Gátsche Grundkonzept in den folgenden zwei Jahren auf den aktuellen Stand der Technik. Intensive organisatorische Unterstützung erhielt er dabei von Rolf Drescher, damals Osteuropa-Repräsentant der Firma Steinway, der sich um die Besorgung der jeweils erforderlichen und im Handel meist noch nicht verfügbaren Bauteile kümmerte. Im Falle benötigter besonderer Permanent-Magnete drang er dabei bei Krupp in Essen sogar bis in das Chefbüro des dortigen Generalbevollmächtigten Berthold Beitz vor.

Auch setzte Rolf Drescher seine hervorragenden Kontakte zu Musikerkreisen ein, um die Anfang 1966 fertiggestellte Verstärkeranlage maßgeblichen Persönlichkeiten vorzustellen. Alle, denen das von NEUPERT nunmehr „Orchester-Konzertcembalo" (OKC) genannte und in einer größeren Stückzahl gefertigte, elektronisch verstärkte Cembalo vorgestellt wurde (u. a. die Generalmusikdirektoren Rudolf Kempe, Rafael Kubelik und Wolfgang Sawallisch) waren sehr angetan, als ihnen in einem großen Saal das neue Instrument einmal unverstärkt und dann verstärkt vorgespielt wurde. Vor allem überzeugte, dass durch die Verstärkung der Cembaloklang keine Verfälschung erfuhr und er dank der Anordnung der Lautsprecher in der Ebene des Resonanzbodens als „aus dem Instrument kommend" empfunden werden konnte.

Auch Herbert von Karajan, damaliger „Gottvater" der Musikwelt, war sehr überzeugt von der Verstärkung des Cembaloklangs, als ihm der Autor, unterstützt von Edith Picht-Axenfeld als Cembalistin, im März 1966 das neue Instrument vorstellte. Karajan war so enthusiasmiert davon, dass er sich noch lange über die in seinem engen Terminkalender vorgesehene Zeit hinaus mit dem Autor über die Einsatzmöglichkeiten des neuen Instruments unterhielt.

Natürlich kamen dabei auch die zu erwartenden Einwände aus Kreisen der (damals noch nicht so wortmächtigen) historischen Aufführungspraxis zur Sprache, die Karajan aber abtat mit der Bemerkung „Ach die mit dem echten Bachgesicht". Sehr mokierte er sich, als der Autor ihm die verschiedenen technischen

Schaltmöglichkeiten der Verstärkeranlage erläutern wollte: „In meinem Flugzeug habe ich so viele Hebel und Messgeräte im Auge zu behalten, da werde ich doch mit ihrer Verstärkeranlage noch zurechtkommen".

Ein weiterer Beleg für den Erfolg des Orchester-Konzertcembalos war ein Zeitungsbericht über seine Premiere im Kölner Gürzenich[1], mit der Cembalistin Zuzana Ruzickova und Günter Wand als Dirigent des Gürzenich-Orchesters.

Das Orchester-Konzertcembalo hatte freilich das Pech zum denkbar ungünstigsten Zeitpunkt auf den Markt zu kommen. Mit Frank Hubbards 1965 erschienenem epochalen Buch „Three Centuries of Harpsichord Making" als Auslöser, kam es bekanntlich innerhalb weniger Jahre zu einem radikalen Umschwung in der historischen Aufführungspraxis. Die Orientierung am erhaltenen Originalinstrumentarium der Renaissance und des Barocks sowie die Wiedererarbeitung der historischen Musizierweise aus den Quellen führten zu solch ebenso überraschenden wie überzeugenden Klangergebnissen, ja öffneten vielfach erst einen tieferen Zugang zur Alten Musik, dass alle moderne Technik als „Teufelszeug" angesehen und mit geradezu glaubenskriegsartiger Intensität bekämpft wurde.

Es gab zu der Verstärkung Kommentare wie „Bankrotterklärung der Cembalobauer", was sich zwar populistisch gelungen anhörte, aber eigentlich an der Sache vorbei argumentierte: Beim Orchester-Konzertcembalo wurde nämlich nicht im kleinsten Detail in die mechanisch-akustische Anlage eines Cembalos eingegriffen, sondern der von dem Cembalo erzeugte Originalklang verfälschungsfrei so verstärkt, dass das Instrument im Zusammenspiel mit einem modernen großen Orchester und in (unhistorisch) großen Sälen in der Klangstärke ein gleichwertiger Partner blieb. Kein seriöser Cembalobauer könnte oder kann ein Instrument konstruieren und so stark intonieren, dass es im Stande wäre, sich unter den genannten Bedingungen unverstärkt zu behaupten.

NEUPERT erkannte das Unmögliche, gegen einen „Mainstream" anzugehen, und beendete nach nur wenigen Jahren die Fertigung des Orchester-Konzertcembalos. So scheiterte eine technisch interessante Entwicklungsarbeit letztlich an einer unüberwindlichen ideologischen Barriere.

Das hinderte aber zum Beispiel Elzbieta Chojnacka, die „Königin" des Spiels der Cembaloliteratur des 20. Jahrhunderts, nicht daran, bei ihren Konzerten stets eine in Eigenregie erstellte elektronische Verstärkung ihres Instruments einzusetzen.

Heute lässt man sich in dieser Frage nicht mehr auf ideologische Debatten ein. Ensembles mit historischen Instrumenten, die sich auch in Anzahl der Musiker und Raumgröße an die historischen Gegebenheiten halten, haben keine Verstärkung des Cembaloklangs nötig – hier ist die richtige Klangbalance per se gegeben. Bei größeren Besetzungen oder vor allem in Opernhäusern hilft man

---

1   „Rheinische Post", Köln, 8. Juni 1966

sich mit einer dezenten elektronischen Verstärkung des Cembalos, die dank der heutigen miniaturisierten Technik für das Publikum, ja oft sogar für die Mitspieler, optisch gar nicht wahrnehmbar ist und damit auch zu keinerlei kritischen Diskussionen führt.

Wolf Dieter Neupert, J. C. NEUPERT 1868–2018,
150 Jahre Musikinstrumentenbau, Bamberg, 2018, S. 69–73

Concerto 283, Januar/Februar 2019, S. 18

Physikalische Aspekte des Cembaloklangs

In den letzten Jahren ist in Vorträgen und Veröffentlichungen (1, 2) zu der Frage Stellung genommen worden, ob das mit den Mitteln des 20. Jahrhunderts rekonstruierte Cembalo in seinem Klang dem Vorbild des historischen Cembalos entspricht, oder ob dessen Klangcharakter nur mit einer möglichst originalgetreuen Kopie erhalten werden kann.

Bei der oft mit engagiertem Einsatz geführten Diskussion wurden mitunter, vor allem von den Anhängern der historischen Bauweise, zu Angriffen gegen das sog. „Fabrikcembalo" der Physik entlehnte Begriffe zur Stützung der einen oder anderen These herangezogen, ohne dass bislang durch eine Messung untersucht worden wäre, ob der vermutete physikalische Sachverhalt überhaupt zutrifft. Der umgekehrte Weg, die physikalische Messtechnik als Hilfsmittel zu benutzen und die Argumentation anhand beweisbarer Messergebnisse zu orientieren, wurde bislang nicht beschritten.

Die Ergebnisse einer physikalischen Untersuchung des Cembaloklangs sollen natürlich nicht an die Stelle einer ästhetischen Wertung durch Künstler und Zuhörer treten. Sie können jedoch für den Musiker zum Verständnis eines persönlich empfundenen Klangeindrucks dienen, zumal ja hinreichende Forschungsergebnisse über den Zusammenhang zwischen den physikalischen Daten eines Klanges und hervorgerufener Wahrnehmung bekannt sind.

Für den Instrumentenbauer könnte das Ergebnis einer physikalischen Messung eine Kontrolle sein, ob die seiner Konstruktion zugrundeliegende akustische Vorstellung überhaupt zutreffend ist. Aufgabe dieser Untersuchung soll es daher sein, wegen des Fehlens von physikalischen Messungen zum Cembaloklang, zunächst als einen ersten Anfang einige Messdaten zu der Frage anzugeben: „Wie sieht ein Cembaloklang vom Standpunkt des Physikers aus?"

Da für die Untersuchung außer zwei nach verschiedenen Prinzipien konstruierten modernen Cembali auch ein historisches Instrument zur Verfügung stand, erlauben die gewonnenen Messergebnisse Aussagen zu der anspruchsvolleren Fragestellung: „Gibt es historischem und modernem Cembaloklang gemeinsame physikalische Charakteristiken? Lassen sich andererseits die vom Ohr wahrgenommenen spezifischen Klangfärbungen der einzelnen Instrumente auch als Unterschiede in den Messwerten nachweisen?"

Für die Messungen standen folgende Cembali zur Verfügung:

Als historisches Instrument ein Cembalo von Johann Daniel Dulcken, gebaut in Antwerpen im Jahre 1750 aus der Sammlung Neupert im Germanischen Nationalmuseum Nürnberg. Das Instrument besitzt den im historischen Cembalobau obligatorischen, mit dem Schlagwort „Kastenbauweise" charakterisierten geschlossenen Resonanzkörper. Die Frage, wie sehr sich der Klang dieses Cembalos durch Zeit und Restaurierungen verändert hat, muss allerdings offen bleiben.

Als moderne Rekonstruktion eines Cembalos mit geschlossenem Resonanzkörper und vergleichbarer Disposition das Neupert-Cembalo „Corelli". Baujahr 1971. Ein wesentlicher Konstruktionsunterschied dieses Instruments zum historischen Cembalo besteht darin, dass hier aus statischen Gründen der Saitenzug nicht von den dünnwandigen Zargen, sondern von einem stabilen, von den Seitenwänden unabhängigen Rahmen aufgenommen wird.

Als Cembalo mit einer dem Flügelbau entlehnten Rastenkonstruktion, also unten nicht abgeschlossenem Resonanzboden, ein Neupert-Instrument, Modell „Vivaldi", Baujahr 1952.

An diesem Instrument wurden die Messungen wiederholt, nachdem auf Anregung von Prof. Lothar Cremer die Unterseite des Instruments mit einer 24 mm starken Holzfaserplatte verschlossen worden war, um die Beeinflussung des Klanges durch die Abschirmung des vom Resonanzboden nach unten abgestrahlten Schallanteiles festzustellen. Nicht in die Untersuchung mit einbezogen wurde das 16'-Register dieses Modells, da hier keine Vergleichsmöglichkeit mit den anderen Instrumenten bestand. Einige weitere Angaben zu diesen drei Instrumenten sind in Tabelle I zusammengestellt.

Im Einzelnen wurde der Cembaloklang nach folgenden Gesichtspunkten untersucht:

Wie ist der zeitliche Verlauf des vom Cembalo abgestrahlten Klangs?

Mit welchem Anteil sind einzelne Bereiche des hörbaren Frequenzbereichs im Cembaloklang vertreten?

Wie ändern sich diese Größen bei den einzelnen Instrumenten für verschiedene Tonlagen, verschiedene Register?

Wie breitet sich der Cembaloklang im Raum aus? Wie stark nimmt der Klang mit der Entfernung ab? Ändert sich dabei die spektrale Zusammensetzung des Klanges?

Tabelle I: Angaben zu den Cembali

Instrument	Dulcken	Neupert Modell „Corelli" Nr. 24705	Neupert Modell „Vivaldi" Nr. 17719
Baujahr	1750	1971	1952
Konstruktionsmerkmal	historische Kasten-bauweise	moderne Kasten-bauweise	Rastenbauweise
Disposition	$8_1'$, $8_2'$, 4'	$8_1'$, $8_2'$, 4'	16', $8_1'$, $8_2'$, 4'
8'-Tonumfang	F – f^3	F – f^3	A – f^3
Stimmung	b^1 = 440 Hz	a^1 = 440 Hz	a^1 = 435 Hz
Länge	228 cm	215 cm	204 cm
Breite	92 cm	101 cm	100 cm
Gewicht (Corpus)	49 kg	120 kg	120 kg
Bekielung	Federkiel	Leder	Leder
Resonanzbodenstärke	~ 4,5 mm	4,8 mm	6 mm
Saitenstärke $8_1'c^1$	0,22 mm	0,18 mm	0,265 mm

Messverfahren

Die Messungen wurden durchgeführt im reflexionsarmen („schalltoten") Raum des Instituts für Technische Akustik der TU Berlin. Die Maße dieses quadratischen Raums (Seitenlänge 15 m) bieten die Möglichkeit auch in genügend großer Entfernung vom Instrument den Klang unbeeinflusst von Wandreflexionen zu untersuchen. Die Untersuchungen müssen wohl – trotz des gelegentlich gemachten Vorschlags, verschiedene Instrumente in ein und demselben Konzertsaal zu vergleichen – im reflexionsarmen Raum stattfinden, um eine eindeutige Trennung von Instrumentenklang und akustischen Eigenschaften des gerade verwendeten Saales zu gewährleisten.

Der reflexionsarme Raum der TU Berlin besitzt einen schallabsorbierenden Fußboden, über dem man sich auf einem Drahtnetz bewegt. Um die ja auch in allen Sälen etwa gleichartig gegebenen Bodenreflexionen nicht zu verlieren, wurden die Instrumente – ähnlich wie es auch Jürgen Meyer (3) bei der Untersuchung der Richtcharakteristik des Flügels getan hat – auf einer 25 mm starken Holzplatte (Länge 3,5 m, Breite 1,9 m) aufgestellt. Zur Verhinderung der Übertragung von Körperschall auf diese Platte wurde den Füßen der Instrumente eine Schaumgummipolsterung unterlegt.

Um einen exakt reproduzierbaren Anschlag der Cembalotaste zu erreichen, wurde eine Anschlagvorrichtung verwendet. Sie war in ihrer Ausgangsstellung so arretiert, dass ein Klavierhammer gerade die Taste berührte. Wurde die Vorrichtung über einen Hebelmechanismus ausgelöst, so drückte der Hammer die Taste mit einer Kraft von 190 p nieder. Mit dieser Anordnung erreicht man sehr gut reproduzierbare Messergebnisse (Abweichung ±1 dB). Das Anschlaggewicht von 190 p ist gerade geeignet, einerseits das Klopfgeräusch möglichst gering zu halten, andererseits aber die Taste auch bei Vollem Werk noch sicher niederzudrücken. Der Cembaloklang wurde durchweg bei unter 45⁰ geöffnetem Instrumentendeckel untersucht. Daher war es zweckmäßig, das Messmikrofon (Kondensator-Messmikrofon) in der vermuteten Hauptabstrahlrichtung des Cembalos, der Mittelsenkrechten zur Längsausdehnung anzuordnen. Der Mikrofonabstand – gemessen von der Diskantzarge des Instruments – wurde im Bereich 1,25 m bis 10 m variiert. Die Entfernung von 1,25 m erschien ausreichend, um aus dem akustischen Nahfeld herauszukommen. Das Mikrofon wurde in einer Höhe von 1,15 m angebracht. In dieser Höhe erreicht der Schall das Ohr eines sitzenden Zuhörers.

Das vom Mikrofon abgegebene, dem Schalldruck proportionale Signal, wurde über Vorverstärker und Verstärker auf ein Bandgerät bzw. zur direkten Beobachtung auf einen Oszillographen (Speicheroszillographen) gegeben und von dort abphotographiert. Wie ein Vergleich von direktem und vom Bandgerät wiedergegebenen Signal zeigte, wird der Einschwingvorgang vom üblichen Bandgerät (Bandgerät mit Amplitudenmodulation) wegen frequenzabhängiger Phasendrehungen beim Aufnahme- und Wiedergabevorgang nicht wirklichkeitsgetreu wiedergegeben. Erst eine aufwendige Bandmaschine (Ampex FR-1300), bei der das Signal frequenzmoduliert aufgezeichnet wird, reproduziert den Einschwingvorgang einwandfrei.

Für die Messung des Schalldrucks in verschiedener Entfernung vom Instrument wurde ein Schallpegelmessgerät verwendet. Mit diesem Gerät wurden die Pegelspitzen des ungefilterten bzw. oktavgefilterten Cembaloklanges aufgenommen. Wie die Bilder des zeitlichen Verlaufs des Cembaloklanges zeigen, charakterisieren diese Spitzenwerte den Cembaloklang genügend.

Die Nachhalldauer der einzelnen Cembaloklänge wurde aus den mit einem Pegelschreiber aufgenommenen Diagrammen bestimmt. Als Nachhallzeit wird dabei diejenige Zeit angegeben, in welcher der Pegel um 60 dB fällt.

Um gegebenenfalls Angaben über den absoluten Schalldruckpegel machen zu können, wurde der Messaufbau mit einem Pistonfon kalibriert.

Diskussion der Messergebnisse

Von den etwa 300 aufgenommenen und ausgewerteten Oszillogrammen kann hier natürlich nur ein sehr kleiner Teil wiedergegeben werden. Die Oszillogramme der Abbildungen 1 bis 5 zeigen jedoch schon charakteristische Merkmale des Cembaloklanges, wie sie sich auch an den übrigen Aufnahmen bestä-

Tabelle II: Frequenzbereiche der Oktavfilter

Mittenfrequenz (Hz)	Frequenzbereich (Hz)	zugehöriger Grundton
63	45 – 90	C
125	90 – 180	c
250	180 – 355	c^1
500	355 – 710	c^2
1000	710 – 1400	c^3
2000	1400 – 2800	c^4
4000	2800 – 5600	
8000	5600 – 11200	

tigen lassen. In den Oszillogrammen stellt die waagrechte Linie die Zeitachse dar, der Kantenlänge eines Kästchens entspricht ein Zeitraum von 0,2 sec. In der Senkrechten sind die Schalldruckamplituden des ungefilterten, bzw. oktavgefilterten Klanges aufgezeichnet (Durchlassbereiche der Oktavfilter s. Tabelle II).

Sich entsprechende Kurven für die einzelnen Instrumente sind jeweils mit der gleichen Verstärkung aufgenommen, so dass Amplitudenunterschiede direkt abgelesen werden können.

Abbildung 1 zeigt den zeitlichen Verlauf des Cembaloklanges in verschiedenen Tonlagen. Als Beispiel für qualitativ gleichen Verlauf bei allen untersuchten Instrumenten mögen die Klänge C – c^1 – c^3 des Dulcken-Cembalos bei Vollem Werk stehen. Man sieht bei allen Kurven den sehr kurzen Einschwingvorgang, bei dem die Amplitude sofort ihren höchsten Wert erreicht. Im Bass klingt die Amplitude nur langsam ab, während beim Fortschreiten zum Diskant die Abklingzeiten immer kürzer werden. Für den Diskantklang c^3 ist eigentlich nur noch der Zeitraum der ersten halben Sekunde „interessant".

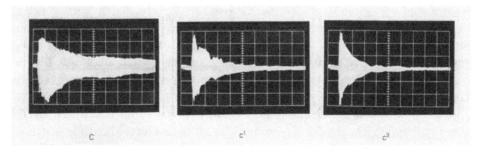

Abb. 1: Oszillogramm für die Klänge C – c^1 – c^3 Dulcken-Cembalo. Volles Werk. Waagerecht: Zeit, 0,2 sec/Kästchen – Senkrecht: Schalldruckamplitude, jeweils gleiche Verstärkung

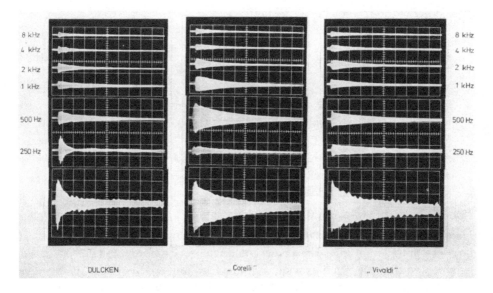

Abb. 2: Oszillogramme des ungefilterten und oktavgefilterten $8_1'c^1$-Klanges. Amplitudenverstärkung gegenüber Abb. 1: ungefilterte Klänge: 2; gefilterte Klänge: 4/3. Angegeben sind die Mittenfrequenzen der jeweiligen Oktavfilter.

In Abbildung 2 sind die ungefilterten und oktavgefilterten Zeitverläufe des
$8_1'c^1$-Klanges der drei Cembali gegenübergestellt. Die ungefilterte Klangkurve
des Dulcken-Cembalos zeigt einen etwas schnelleren Abfall als die beiden Neupert-Cembali. Der Kurvenverlauf des „Corelli"-Instruments ist am wenigsten
„ausgefranst", was auf einen geringeren Geräuschanteil schließen lässt.

Erstaunlich ist der allen Klängen gemeinsame, über einen großen Bereich
geradlinige Anstieg der Vorderflanke. Eine nähere Untersuchung dieses Ein-
schwingens bei gedehntem Zeitmaßstab und in verschiedenen Tonlagen der
Instrumente zeigt, dass diese Flanke für ungefilterte Klänge, unabhängig vom
Resonanzsystem des Cembalos, stets mit unbeträchtlichen Abweichungen die
gleiche Steigung von 55 µbar/sec Schalldruckanstieg besitzt. Die Werte für die
Anstiegszeit selbst liegen – abhängig von der jeweiligen Klangstärke – im Bereich
von 10 bis 30 msec.

Das Spektrum des Dulcken-Klanges zeigt einen starken Grundton (der ja
allein in den Bereich des 250 Hz-Oktavfilters fällt). Er klingt allerdings schon in
den ersten 0,3 sec stark ab, während anschließend der 1. Oberton überwiegt. Es ist
möglich, dass diese Verschiebung des Schwerpunkts des Klangspektrums vom
Grundton zum 1. Oberton den Klang für manches Ohr besonders „lebendig"
erscheinen lässt. Bei „Vivaldi" besitzt der 1. Oberton ein leichtes Übergewicht

gegenüber dem Grundton. Vor allem der Grundton klingt erheblich langsamer ab als bei Dulcken, es kommt zu keiner Umfärbung des Klanges.

Bei „Corelli" ist der 1. Oberton besonders stark ausgeprägt, man kann unmittelbar sehen, dass er dem Grundton die Energie „raubt". Die Frequenzbereiche, welche die höherzahligen Teiltöne enthalten, zeigen bei allen Instrumenten ähnlichen Verlauf, wenn man von schwach ausgeprägten Formanten im 1-kHz-Bereich bei „Corelli" und im 2-kHz-Bereich bei Dulcken und „Vivaldi" absieht.

Man kann diese Tatsachen aus zwei Perspektiven interpretieren. Einmal sind sie ein Argument für die Ähnlichkeit des Klangbildes von historischem und modernem Cembalo. Zum anderen zeigen sie, dass die einzelnen Instrumente durch Verschiedenheiten im Bereich der niederzahligen Teiltöne unterscheidbar werden.

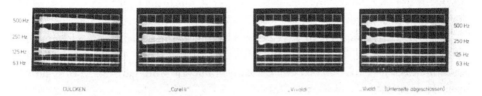

Abb. 3: Oszillogramme des 8_1'C-Klanges für vier Oktavfilterbereiche. Amplitudenverstärkung gegenüber Abb. 2: ½

In Abbildung 3 wird das Spektrum des Bass-Klanges 8_1C der verschiedenen Instrumente untersucht. Auf die Wiedergabe der Teiltonamplituden im Bereich 1 – 8 kHz wurde verzichtet. Sie sind etwa mit gleichem Gewicht vertreten wie bei den 8_1c^1- Klängen, sind aber untereinander noch ähnlicher als dort und somit noch uncharakteristischer, zumal sie bei einem Grundton von 63 Hz noch höheren Teiltonbereichen entsprächen.

Zusätzlich wurde hier der Klang des „Vivaldi"–Instruments bei geschlossener Unterseite untersucht. Auf den ersten Blick ins Auge fallend ist die Tatsache, dass bei keinem der Instrumente der Grundton ausgebildet ist. Trotzdem klingen alle Instrumente grundtönig. Hier hilft die Eigenschaft des menschlichen Ohres, sich zu einer vollständig gegebenen Obertonreihe den Grundton selbst zu ergänzen(„Residuum-Effekt"). Auch der 1. Oberton ist nur verhältnismäßig schwach vertreten. Die größte Amplitude liegt bei allen Instrumenten im Filterbereich des 2. Obertons. Eine gewisse „Lebendigkeit" des „Vivaldi" – Klanges lässt sich hier aus dem Kurvenverlauf in den ersten 0,4 sec erkennen. Der Vergleich des „Vivaldi" – Klanges bei offener und geschlossener Unterseite zeigt außer einer sehr geringen Amplitudenabnahme beim unten abgeschlossenen Instrument keine Unterschiede. Von einem „akustischen Kurzschluss" zwischen dem von Ober- und Unterseite des Resonanzbodens abgestrahlten Klang kann wohl in Zukunft nicht mehr gesprochen werden. Durch die Abdeckung der Unterseite wird allerdings (s. Abb. 6) die Nachhalldauer des Instruments herabgesetzt, da der Resonanzboden jetzt von dem eingeschlossenen Luftpolster bedämpft wird.

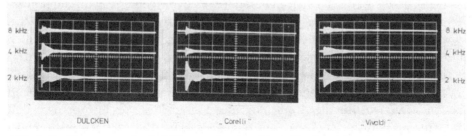

Abb. 4: Oszillogramme des 8_1c^4-Klanges für drei Oktavfilterbereiche. Amplitudenverstärkung wie Abb. 2

Wie sieht der Cembaloklang im Diskant aus? Abbildung 4 gibt eine Antwort für die c^4-Taste des 4'.

Allen Instrumenten ist das schnelle Abklingen im Diskant gemeinsam. Der Grundton überwiegt gegenüber den Obertonanteilen, der Klang wird „flötig", besonders beim „Corelli", wo der Diskant einen stark ausgeprägten und modulierten („lebendigen") Verlauf zeigt.

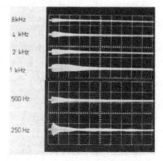

Abb. 5: Oszillogramm des $8_2'c^1$-Klanges Dulcken-Cembalo.
Amplitudenverstärkung wie Abb. 2

Abbildung 5 dient dem Vergleich der Spektren der beiden 8'-Register. Es ist bei allen drei Cembali die gleiche Erscheinung zu beobachten, dass beim $8_2'$ die Amplitude der höherzahligen Partialtöne im Verhältnis zur Amplitude niederzahliger Teiltöne wächst. Abbildung 5 (in Verbindung mit Abbildung 1) zeigt dies am Beispiel des $8_2'c^1$-Klanges des Dulcken-Cembalos.

Den Vergleich der Nachhallzeiten für den Klang $8_1'c^1$ der einzelnen Instrumente ermöglichen die Diagramme der Abb. 6. Eine sehr große Nachhallzeit vor allem für tiefe Frequenzen, besitzt das „offene", das Vivaldi-Instrument.

Die dämpfende Wirkung des eingeschlossenen Luftpolsters kann man nicht nur durch das erwähnte Abschließen der Unterseite nachweisen, sie zeigt sich auch an dem wesentlich schnelleren Abklingen bei Dulcken und „Corelli".

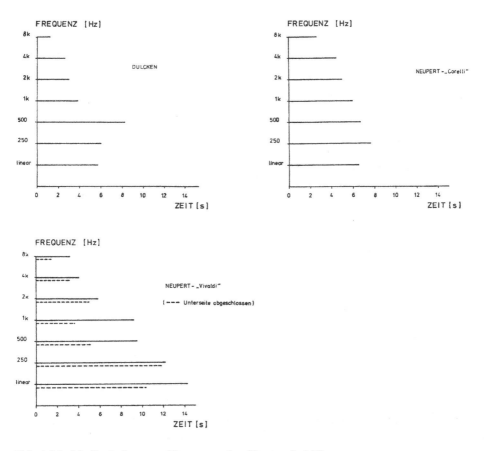

Abb. 6: Nachhallzeit des ungefilterten und gefilterten 8_1c^1-Klanges

Die gemessenen Nachhallzeiten sind jedoch allesamt erheblich größer als die durchschnittliche Tondauer in der Musik des 18 Jahrhunderts. Das mit dem „Vivaldi"-Instrument besonders gut mögliche „Dem-Tone-Nachhören" hat sich ja erst die moderne Musik zunutze gemacht.

Historischem wie modernem Cembalo gemeinsam ist die mit steigender Teiltonfrequenz abnehmende Nachhallzeit.

In den Oszillogrammen der Abb. 7 und 8 ist die Ausbreitung des Cembaloklangs im Raum untersucht. Aus Abb. 7 kann man die spektrale Zusammensetzung des 8_1c^1-Cembaloklanges in verschiedenen Entfernungen vom Instrument ablesen. Es zeigt sich, dass das schon anhand der Oszillogramme diskutierte, charakteristische Grundton-Obertonverhältnis mit nur geringen Abweichungen im Raume erhalten bleibt.

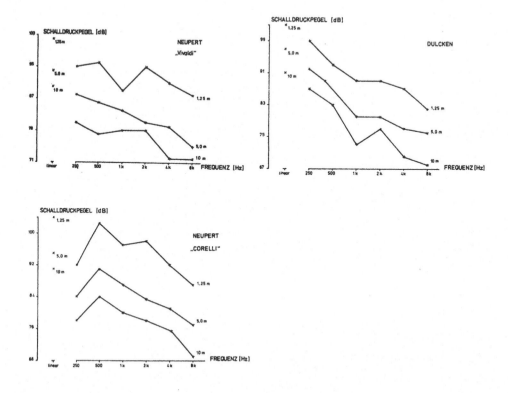

Abb. 7. Spektrale Zusammensetzung des Cembaloklanges 8_1c^1 in verschiedenen Entfernungen. Zusätzlich angegeben: Schalldruckpegel des ungefilterten Klanges.

Für die gegenteilige Behauptung, dass beim modernen Cembalo die niedrigzahligen Teiltöne im Raum schneller abnehmen als die hohen Teiltöne, findet sich kein Anhaltspunkt.

Die geringen Abweichungen der spektralen Zusammensetzung in verschiedener Entfernung lassen sich aus Abb. 8 erklären: Dort ist die Abnahme des Schalldruckpegels im Raum für verschiedene Teiltonbereiche aufgezeichnet.

Aus dem unregelmäßigen Verlauf des räumlichen Abfalles erkennt man, dass das Schallfeld eines Cembaloklanges eine komplizierte Interferenzstruktur der von verschiedenen Teilen des Resonanzbodens und der Reflexion am Instrumentendeckel ausgehenden Schallanteile ist. Je nach Standort des Mikrofons können daher die Anteile, mit denen einzelne Teiltonbereiche im Cembaloklang auftreten, differenzieren. Ein Cembalo – und sei es ein historisches – als „Kugelstrahler" zu bezeichnen, ist daher sicherlich eine zu starke Vereinfachung, wie der in Abb. 8 mit angegebene, theoretische Schalldruckabfall für den Kugelstrahler von 6 dB/Entfernungsverdopplung zeigt.

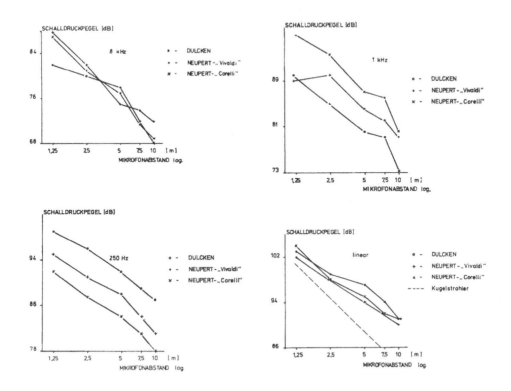

Abb. 8: Abnahme des Schalldruckpegels mit der Entfernung für ungefilterten 8_1c^1-Klang und die Oktavfilterbereiche 250 Hz, 1 kHz, 8 kHz

Die hier wiedergegebenen Untersuchungsergebnisse könnten zu dem Fehlschluss verleiten: „Es gibt nur gute Cembali". Es soll jedoch keinesfalls bezweifelt werden, dass es historische wie moderne Cembali mit „rasselndem, klirrendem, schwirrendem" Klang gibt, und was der häufig zu lesenden Attribute mehr sind. Nur möge die vorliegende Untersuchung zeigen, dass diese Eigenschaften nicht an ein bestimmtes Konstruktionsprinzip geknüpft sind, sondern vielleicht mehr von den Fähigkeiten des jeweiligen Instrumentenbauers abhängen.

Für die Durchführung der Untersuchung bedurfte es der Hilfe vieler Stellen. Besonders gedankt sei Herrn Dr. J. H. van der Meer, Leiter der Musikinstrumentenabteilung des Germanischen Nationalmuseums Nürnberg, der die vergleichenden Messungen durch die freundliche Genehmigung zum Transport des Dulcken-Cembalos nach Berlin erst ermöglichte. Herrn Ass.-Prof. Dr. H. Ising sei dafür gedankt, dass er die messtechnischen Möglichkeiten des Instituts für Technische Akustik der TU Berlin voll zur Verfügung stellte und viel Zeit für die Betreuung der Messung mit Rat und Tat opferte. Schließlich sei all jenen gedankt, die durch Äußerungen zu diesem Thema die Untersuchungen mit veranlasst haben.

Literatur

[1] Hanns Neupert: Aktuelle Problems des Cembalos und des Cembalobaues.
    Vortrag Europiano-Kongreß 1965, Berlin.
[2] Martin Skowroneck: Probleme des Cembalobaues aus historischer Sicht.
    Hi-Fi-Stereophonie 7, 1968, 700–711, 781–784, 875–878.
[3] J. Meyer: Die Richtcharakteristik des Flügels.
    Das Musikinstrument XIV, 1965, 1085–1090.

Das Musikinstrument, Jahrg. 20, H. 7, 1971, S. 857–860

Zu prinzipiellen bautechnischen Unterschieden zwischen Kielklavieren und Hammerklavieren

Der Übergang von den Kielklavieren zu den Hammerklavieren ist nicht nur ein Schritt einer historischen Entwicklung. Mit ihm sind vielmehr auch gravierende Veränderungen im Bau der Saitenklaviere verbunden. Im Folgenden soll skizziert werden, welche Ausgangssituation ein Cembalobauer zum Zeitpunkt der Cristoforischen Erfindung des Hammerflügels am Ende des 17. Jahrhunderts vorfand. Die unterschiedlichen akustischen Gegebenheiten von Kiel- und Hammerinstrumenten werden anhand der aus der Nachrichtentechnik bekannten Übertragungskette „Generator – Filter – Empfänger" erörtert. Als mathematisches Werkzeug zur Bestimmung der bautechnisch jeweils zweckmäßigen Ausführung dient dabei die Methode der „Fourier-Transformation". Die sich aus ihr ergebenden weitreichenden Folgerungen für den Bau von Saitenklavieren werden diskutiert.

Machen wir zunächst einen Zeitsprung und versetzen uns in die Rolle eines Cembalobauers um das Jahr 1700, also eines Cembalobauers zur Zeit Cristoforis, dem im Prinzip schon die Erfahrung von 300 Jahren Cembalobau zur Verfügung stand, der bisher seine „Gravicembali" mehr oder weniger gut baute und der jetzt mit Cristoforis Erfindung eines „Gravicembalo, che fa il piano e il forte" konfrontiert wird, also einem Cembalo, auf dem man leise und laut spielen kann, wie Cristofori seinen Hammerflügel nannte.

Was hat sich – aus physikalischer Sicht – für ihn damit verändert? Die Klanganregung beim Cembalo (oder allgemeiner gesprochen bei den Kielinstrumenten) geschieht doch so, dass sich der Kiel beim Anschlag der Taste unter dem Widerstand der Saite, gegen die er gedrückt wird, so weit durchbiegt, bis er schließlich infolge des anhaltenden Tastendrucks unter der Saite hervorgleitet. Die Energie, die er dabei auf die Saite überträgt, hängt ab von der Form und der Steifigkeit des Kiels und andererseits von dem Widerstand, den die Saite dem Kiel entgegensetzt. Alle diese Größen sind Materialeigenschaften des Instruments; es ist kein vom Spieler beeinflussbarer Parameter (wie es etwa die Anschlagstärke wäre) dabei. Die Folge davon ist bekanntlich, dass die resultierende Lautstärke des Cembaloklangs (zumindest in erster Näherung) vom Anschlag des Spielers unabhängig ist.

Nun änderte sich aber plötzlich die Situation, als Cristofori sein „Gravicembalo" nicht mehr von eine Kiel anzupfen, sondern von einem Hammermechanismus anschlagen ließ. Zwar resultiert auch hier das klangliche Ergebnis zunächst aus Materialeigenschaften. Wenn wir uns auf die erzielbare Lautstärke bei der Klangerzeugung beschränken, dann ist unter den Materialgrößen des Instruments vor allem die Masse des Hammerkopfs entscheidend für die resultierende Lautstärke. Je schwerer der Hammerkopf ist, desto lauter wird der erzeugte Klang sein, wobei wir zunächst den Aspekt der Klangfarbe außer Acht lassen wollen. Die Hammerkopfmasse ist natürlich eine spielerunabhängige, vielmehr instrumenteneigene Größe.

Hinzu kommt jetzt jedoch als entscheidender Unterschied zum Cembalo, dass die erzeugte Lautstärke auch proportional der Geschwindigkeit ist, mit der der Hammer auf die Saite trifft. Je schneller der Spieler die Taste niederdrückt, mit desto größerer Geschwindigkeit wird der Hammer gegen die Saite geschleudert, desto lauter wird das Instrument klingen. Mit der Auftreffgeschwindigkeit des Hammers hat man nun eine Größe zur Verfügung, die allein spielerabhängig ist und damit auf dem Instrument das Cristoforische „piano e forte" ermöglicht. Wenn wir den geschilderten Sachverhalt physikalisch darstellen, dann gilt für die Klangstärke des Hammerflügels

$$\text{Klangstärke} \sim m \cdot v$$

wobei m die Masse des Hammerkopfs ist, v die Auftreffgeschwindigkeit des Hammerkopfs auf die Saite und das Zeichen $\sim$ für proportional steht. Das Produkt $m \cdot v$ nennt man in der Physik den „Impuls", der hier dem Hammer in der Zeit vom Bewegungsbeginn bis zum Moment des Auslösens mitgegeben wird. Wenn wir die Formel für den Impuls $m \cdot v$ in verschiedenen mathematischen Formen schreiben, wird es vielleicht noch etwas anschaulicher:

$$m \cdot v = \int_{t_0}^{t_1} m \cdot b \ dt = \int_{t_0}^{t_1} K \ dt$$

b = Beschleunigung des Hammerkopfes
K = auf den Hammerkopf wirkende Kraft

Man kann den Impuls also auch deuten als das Zeitintegral der Kraft, die auf den Hammerkopf übertragen wird vom Zeitpunkt t_0 der ersten Hammerbewegung bis zum Zeitpunkt t_1 des Auslösens des Hammers. Natürlich ist dies nur eine näherungsweise Betrachtung. In Wirklichkeit müssten wir statt der hier punktförmig angenommenen Hammerkopfmasse das Massenträgheitsmoment Θ des Hammers ansetzen und statt der Lineargeschwindigkeit v eine Kreisgeschwindigkeit, da der Hammerkopf infolge seiner Lagerung in einem Drehpunkt ja auf einer Kreisbahn verläuft. Es gilt:

$$\theta = \int_{r=0}^{l} r^2 \, dm$$

m = Massenverteilung auf den Hammer
r = Abstand vom Hammerdrehpunkt
l = Hammerstiellänge

Auf das Trägheitsmoment Θ wollen wir noch einen kurzen Blick werfen: Man sieht, dass zu dem Wert des Integrals nur diejenigen Massenanteile des Hammers einen wesentlichen Beitrag leisten, die ein „großes r" besitzen, also einen großen Abstand vom Drehpunkt des Hammers haben. Es bestätigt sich also auch mathematisch, was die Instrumentenbauer aus reiner Erfahrung wussten, dass ein Hammer einen dünnen Stiel und einen schweren Hammerkopf haben muss.

Um zu einer voll funktionsfähigen Hammermechanik zu kommen, bedurfte es freilich noch der Lösung zweier technischer Probleme, nämlich

1. des Problems der Übersetzung für eine ausreichend hohe Hammerkopfgeschwindigkeit und

2. des Problems der „Auslösung" des Hammers.

Beides löste Cristofori in genialer Weise, wie sich an der Abbildung seiner Hammermechanik zeigen lässt.

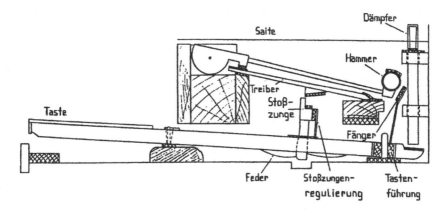

Hammermechanik von Bartolomeo Cristofori

Das Problem der Hammerkopfgeschwindigkeit löste Cristofori mittels der konsequenten Anwendung der Hebelgesetze. Betrachten wir hierzu die Cristoforische Mechanik: Die Stoßzunge hat zum Waagepunkt der Taste in etwa den gleichen Abstand wie die Tastenvorderkante zur Waage, so dass sich die Stoßzunge mit der Niederdruckgeschwindigkeit der Vordertaste bewegt. Die Stoßzunge greift nun an einem „Treiber" an - einem Vorläufer des Hebeglieds in der modernen Flügelmechanik – der dann mit seinem Ende erst die Bewegung des Hammers veranlasst. Die Hebellängen zwischen Angriffspunkt der Stoßzunge am Treiber und Angriffspunkt des Treiberendes am Hammer verhalten sich in etwa wie 1:2, so dass der Hammer bereits mit doppelter Tastengeschwindigkeit zu seiner Bewegung angeregt wird. Die Hebellängen zwischen Angriffspunkt des Treibers am Hammer – man würde diese Stelle des Treibers heute als Hammerröllchen bezeichnen, bei Cristofori heißt sie „rotella" – und der Hebellänge vom Drehpunkt des Hammers bis zum Hammerkopf verhalten sich in etwa wie 1:5, so dass der Hammerkopf letztendlich mit 2x5 = zehnfacher Tastengeschwindigkeit gegen die Saite geschleudert wird.

Der zweite wichtige Punkt für die Erfindung der Hammermechanik und damit der Hammerklaviere war, dass man sich der Notwendigkeit einer „Auslösung" bewusstwerden musste. Was nützt es, wenn man den Hammer mit noch so hohem Impuls gegen die Saite drückt, der Hammerkopf nach seinem Auftreffen dann aber an ihr hängen bleibt und die Saitenschwingung, die er anregen soll, dadurch gleich wieder wegdämpft. Cristoforis geniale und bis heute beibehaltene Idee war es, den Hammer nur bis kurz vor dem Auftreffen auf die Saite zu beschleunigen und ihn dann das letzte Stück bis zur Saite im freien Flug ohne Krafteinwirkung auf die Saite auftreffen zu lassen – mit der Folge, dass er von ihr sogleich reflektiert wird und er die Saite in ihrer Schwingungsentfaltung nicht weiter beeinflussen oder – besser gesagt – beeinträchtigen kann. Verwirklicht hat Cristofori diese Idee mittels einer „Stoßzunge", einem auf der Taste angebrachten Stößer, der infolge seiner beweglichen und justierbaren Lagerung bei einem bestimmten Steigungswinkel des Treibers den Kraftschluss mit dem Treiber auflöst, indem er unter einer an der Unterseite des Treibers angebrachten Nase hervorgleitet und somit keine Kraft mehr auf den Hammer ausüben kann.

Aber auch alle anderen Parameter der bis dato gebauten Cembali standen im Zuge der Entwicklung der neuen Hammerklaviere zur Disposition.

Betrachten wir den Saitenbezug: Sie kennen die Erscheinung vom Klavichord her, dass man mit zu starkem Tastendruck über die Tangente ein jaulendes Ansteigen der Tonhöhe erreichen kann. Ebenso würde es sich verhalten, wenn man bei den immer voluminöser werdenden Hammerköpfen die Bezugsstärken eines Cembalos im Hammerklavierbau beibehalten hätte. Die Saitenbezüge wurden also immer stärker, damit die einzelne Saite dem Impuls des Hammers genügend Widerstand entgegensetzt und nicht durch zu starke Auslenkung eine Tonhöhenveränderung erfährt.

Jetzt ergab sich der nächste Schritt fast von selbst. Stärkere Besaitung bedeutete stärkere Zugbeanspruchung des Instrumentenkorpus. Er musste also stärker dimensioniert, mit mehr statische Sicherheit garantierenden Streben versehen werden. Wir befinden uns mithin schon geradewegs auf der direkten Entwicklungslinie vom dünnwandigen italienischen Cembalokorpus zum mächtigen modernen Flügelrasten.

Viel entscheidender als die bautechnischen Veränderungen beim Übergang vom Cembalo zum Hammerflügel sind aber die klangakustischen Gegebenheiten, die in ihrer prinzipiellen Unterschiedlichkeit lange nicht erkannt wurden, was einerseits erklärt, dass die Entwicklungszeit der Hammerklaviere rund 100 Jahre betrug, ehe sie dem Cembalo den Rang ablaufen konnten; andererseits aber auch im frühen 20. Jahrhundert, als die Klavierbauer sich wieder mit dem Cembalo zu beschäftigen begannen, zu den bekannten Irrwegen der nach Art moderner Flügel gebauten Cembali führte.

Was ist nun der entscheidende klangakustische Unterschied zwischen Cembalo und Hammerflügel oder – allgemeiner ausgedrückt – zwischen Kielinstrument und Hammerklavier?

Lassen Sie uns zur Erläuterung eine Anleihe bei der Nachrichtentechnik machen und den Vorgang des Hörens eines Musikinstruments durch eine sogenannte Übertragungskette beschreiben Diese Übertragungskette besteht aus einem Generator, hier dem Klanggenerator, nachgeschalteten Resonatoren (in der Nachrichtentechnik „Filter" genannt) und dem Empfänger, bei uns dem Hörer. Man könnte vorweg noch den Spieler ansetzen, dem kommt aber bei der hier anstehenden Fragestellung nur eine untergeordnete Rolle zu.

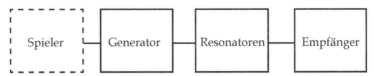

Der Klanggenerator ist beim Cembalo das Plektrum, das die Saite anzupft und zur Schwingung bringt. Ihm sind mehrere Resonatoren nachgeschaltet, nämlich zunächst die Saite, die durch das Anzupfen zu ihrer Eigenschwingung angeregt wird, dann der Resonanzboden, den die Saite über den Steg zur Eigenschwingung veranlasst und schließlich gibt es noch - zumindest beim historischen Cembalo und seinen Nachbauten – die Eigenresonanzen des zwischen Resonanzboden, Unterboden und Seitenwänden eingeschlossenen Luftvolumens. Über das Medium Luft kommt der resultierende Klang dann zum Empfänger, dem Hörer.

Eine gleichartige Übertragungskette lässt sich für die Hammerklaviere definieren, nur dass hier an die Stelle des zupfenden Plektrums der Hammer als

Klanggenerator tritt, der die Saite anschlägt und dass – vor allem in der späteren Zeit des Hammerklavierbaus – das Hohlraumvolumen als Resonator wegfällt, weil der Unterboden der Instrumente offen oder gleich gar nicht mehr vorhanden ist. Der entscheidende Unterschied liegt natürlich beim Klanggenerator, und wir wollen jetzt etwas näher betrachten, was da aus physikalisch-mathematischer Sicht geschieht.

Beginnen wir mit dem Kiel des Cembalos. Dieser Kiel lenkt die Saite auf einer sehr kurzen Strecke relativ weit aus. In dem Augenblick, unmittelbar bevor der Kiel die ausgelenkte Saite verlässt, ergibt sich eine näherungsweise dreiecksförmige Auslenkung der Saite.

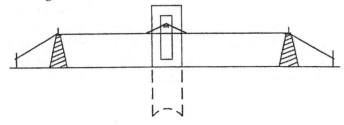

Schematische Darstellung der Saitenauslenkung durch einen Kiel

Was bedeutet diese Art der Anregung für die erzeugten Frequenzen? Die Antwort hierauf gibt eine mathematische Operation, die sogenannte „Fourier-Transformation". Ihr liegt die Überlegung des französischen Mathematikers Charles Fourier (1768 – 1830) zugrunde, dass man jedes zeitlich ablaufende Signal durch Überlagerung einfacher Sinus-Schwingungen unterschiedlicher Frequenz und unterschiedlicher Amplitude aufbauen kann. Mathematisch stellt sich dieser Sachverhalt wie folgt dar:

Schreiben wir die Sinus-Schwingungen in der komplexen Schreibweise

$$\cos \omega t + j \sin \omega t = e^{j\omega t} \qquad \text{(„Eulersche Formel")}$$
$$\omega = \text{Kreisfrequenz} = 2\pi v \qquad (v = \text{Schwingungsfrequenz})$$

so lautet die Formel für den Aufbau des Zeitsignals f (t) aus den Sinus-Schwingungen

$$f(t) = \int_{\omega = -\infty}^{\omega = +\infty} F(\omega) e^{j\omega t} d\omega$$

Umgekehrt – und das ist nun die wesentliche Aussage der Fourier-Transformation – kann man aber auch analysieren, welche Frequenzen in einem vorgegebenen Zeitsignal f(t) enthalten sind nämlich durch die Umkehrfunktion

$$F(\omega) = \int_{t = -\infty}^{t = +\infty} f(t) e^{-j\omega t} dt$$

Was leistet nun die Fourier-Transformation für unsere praktische Fragestellung? Die Zerlegung eines spitzen, dreiecksförmigen Signals, im Extremfall eines nadelförmigen Impulses, zeigt, dass zu seinem Aufbau sehr hohe Frequenzen erforderlich sind, oder es – umgekehrt gesehen – einen großen Anteil sehr hoher Frequenzen enthält. Graphisch dargestellt sieht das – idealisiert – wie folgt aus:

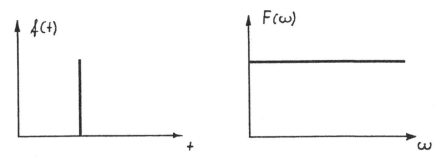

„Nadelimpuls" f (t) und zugehöriges Frequenzspektrum F (ω)

Wenn wir jetzt auf die Klanganregung beim Cembalo zurückkommen, dann zeigt sich, dass der Kiel vor allem hohe Frequenzen erzeugt. Denken sie nun wieder an unsere oben angegebene Übertragungskette. An deren Ende sitzt der Hörer, und der würde sich bedanken, wenn er ein Klangspektrum mit einem derart großen Anteil an hohen Frequenzen angeboten bekäme. Er würde sich vermutlich nach kurzer Zeit die Ohren vor dem spitzen, scharfen Klang zuhalten oder sich gleich ganz als Mitglied der Übertragungskette verabschieden. Was haben also gute Cembalobauer zu allen Zeiten – mehr instinktiv als in Kenntnis großer Begriffe wie der Fourier-Transformation – getan, um den Hörer bei der Stange zu halten? Sie haben Resonatoren gebaut, die tiefe Frequenzen bevorzugen, diese aus dem Generatorsignal herausfiltern und die hohen Frequenzen möglichst unterdrücken. Das lässt sich nun an vielen Details eines guten Cembalos nachweisen.

Beginnen wir beim Resonanzboden. Er wird, um einen guten Klang zu erreichen, extrem dünn ausgearbeitet. Im Bass kann seine Stärke, vor allem in den Randzonen bis auf 1,5 mm abnehmen. Die Berippung wird im klingenden Teil des Resonanzbodens so schwach wie irgend statisch noch vertretbar gewählt, ja in manchen Fällen ganz weggelassen. Aus der physikalischen Theorie der schwingenden Platte, wie sie ein Resonanzboden ist, weiß man, dass ihre Eigenfrequenzen umso niedriger liegen, je dünner und weicher die Platte ist, je weniger sie also durch Rippen versteift wird. Damit werden von dem hochfrequenten Signal, das der Klanggenerator Kiel anbietet, die tiefen Frequenzen bevorzugt, während die hohen Frequenzen keine Resonanz finden. Man ist also auf dem richtigen Weg, um das zu erreichen, was man einen „runden, warmen Cembalo-Klang" nennt.

Ähnlich verstärkend für die niedrigen Frequenzen wirkt der geschlossene Hohlraum des Instrumentenkorpus, genauer gesagt, das in dem Hohlraum befindliche Luftpolster, gegen das der Resonanzboden schwingt. Als Saitenmaterial verwendet man aus dem gleichen Grund im Cembalobau nicht den steifen modernen Klavierdraht, sondern einen weichen, kaltgezogenen Eisendraht, der in seinen Eigenresonanzen eben auch die niedrigen Frequenzen bevorzugt.

Es lässt sich diese von den Cembalobauern früherer Jahrhunderte ausschließlich instinktiv und aus der Erfahrung gewonnene Erkenntnis, die Baudetails eines Cembalos so auszulegen, dass sie aus dem angebotenen breitbandigen Ausgangssignal möglichst nur die tiefen Frequenzen herausholen und die hohen Frequenzen unterdrücken, eigentlich an jedem klangrelevanten Teil eines guten Cembalos nachweisen. Als weiteres Beispiel sei hierfür noch die Wahl des Anreißpunktes angeführt. Eine eingespannte Saite kann bekanntlich zu verschiedenen abgestrahlten Frequenzspektren angeregt werden, je nachdem, an welcher Stelle man die Saite zur Schwingung anregt. Zupft man die Saite genau in der Mitte an, so wird praktisch nur die Grundschwingung, also die niedrigst mögliche Frequenz der Saite angeregt. Je mehr man sich mit dem Anreißpunkt dem Steg, also der Begrenzung der klingenden Saitenlänge nähert, desto mehr höherfrequente Eigenschwingungen der Saite werden angeregt. Wenn Sie sich nun ein gutes Cembalo daraufhin anschauen, dann werden Sie sehen, dass man sich aus diesem Grunde bemüht hat, den Anreißpunkt im Diskant, soweit bautechnisch durchführbar, möglichst in die Mitte der klingenden Saitenlänge zu legen. Eine weitere Möglichkeit, auch im Bassbereich einen für tiefe Frequenzen günstigen Anreißpunkt zu erreichen, ist es, den Springerrechen nicht parallel zum Stimmstock anzuordnen, sondern ihn schräg vom Spieler vom Diskant zum Bass weglaufend einzubauen. Dem gleichen Zweck dient natürlich der vom Diskant zum Bass zum Spieler hingezogene Verlauf des Stimmstockstegs. Bringt man einen Springerrechen und damit den Anreißpunkt einmal ausnahmsweise ganz in die Nähe des Stimmstockstegs, dann nur, um ein bewusst obertonreiches, kontrastierendes „Nasal-Register" zu erreichen.

Halten wir noch einmal das Wesentliche fest: Beim Cembalo wird mit allen bautechnischen Mitteln versucht, aus einem breitbandigen Anfangssignal die tiefen Frequenzen zu favorisieren und die hohen Frequenzen zu unterdrücken.

Genau umgekehrt – und das führt uns jetzt zu dem entscheidenden bautechnischen Unterschied zwischen Kielinstrument und Hammerklavier – liegen die Verhältnisse bei der von einem Hammer angeschlagenen Saite. Ein Hammer trifft im Vergleich zu einem spitzen Cembalokiel mit einer verhältnismäßig breiten Fläche auf die Saite auf. Diese Fläche kann dann unter dem Widerstand der Saite durch elastische Verformung des Hammerkopfes sogar noch vergrößert werden. Betrachten wir hier – wie schon beim Cembalo – den idealisierten Verlauf des vom Generator Hammer erzeugten Signals und dessen mittels Fourier-Transformation gewonnenes Frequenzspektrum.

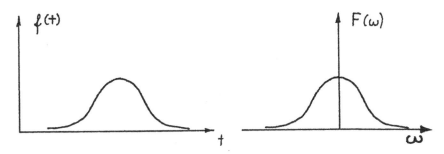

„Glockenkurve" f (t) und zugehöriges Frequenzspektrum F (ω)

Die Auslenkung entspricht näherungsweise einer Funktion, die man in der Mathematik „Glockenkurve" nennt. Sie ist eine Funktion mit der Eigenschaft, dass ihre Fourier-Transformierte wieder eine Glockenkurve ist, von der wir uns hier – physikalisch realistisch – nur mit der rechten Hälfte ihres symmetrischen Verlaufs, also den positiven Frequenzen befassen.

Ein Blick auf das Frequenzspektrum F(ω) zeigt sofort, dass in unserem vom Hammer erzeugten Signal f(t) die tiefen Frequenzen dominieren und die höheren Frequenzen nur mit immer kleiner werdender Amplitude vertreten sind. Was ist die Folge? Der Hammer wird einen dumpfen, dunklen Klavierklang erzeugen. Von der Brillanz des Klangs, den die Klavierbauer anstreben und den Pianisten wie Publikum lieben, wird zunächst nichts zu hören sein. Wir finden eine zum Cembalo konträre Situation vor. Musste beim Cembalo das Resonatorsystem die tiefen Frequenzen verstärken, so muss jetzt beim Hammerklavier das Resonatorsystem, das heißt alle klangrelevanten Bauteile, so gestaltet werden, dass die hohen Frequenzen bevorzugt und die tiefen Frequenzen unterdrückt werden. Verfolgen wir das an den bautechnischen Details wieder in der gleichen Weise wie beim Cembalo und beginnen mit dem Resonanzboden. Gemäß der bereits zitierten Theorie der schwingenden Platte steigt die Eigenfrequenz des Resonanzbodens mit seiner Dicke. Die Resonanzböden werden also wesentlich stärker sein als beim Cembalo und die Dicke wird ihre Grenze nur finden an ab einer gewissen Stärke relevant werdenden anderen physikalischen Effekten, wie der inneren Reibung des Materials. Auch wird man den Resonanzboden möglichst steif machen, da mit größerer Steifigkeit die Eigenfrequenz ebenfalls ansteigt. Höhere Steifigkeit bedeutet aber in der Sprache des Klavierbaus stärkere Berippung des Resonanzbodens. Dass man auch tatsächlich so vorgegangen ist, davon kann man sich jederzeit durch Vergleich eines Cembalo- und eines Hammerklavier-Resonanzbodens überzeugen.

Die tieferfrequenten Hohlraumresonanzen des Cembalo-Korpus werden im modernen Klavierbau vermieden, indem man die Instrumente ohne Unterboden, also nach unten offen baut. Wie in etwa ein Unterboden wirken würde, davon kann man sich leicht überzeugen, wenn man bei einem Flügel den Deckel schließt. Der Deckel hat dann die gleiche akustische Wirkung wie ein Unterboden, und man weiß, wieviel dumpfer der Flügelklang dadurch wird.

So ist auch das Saitenmaterial im Klavierbau im Gegensatz zum Cembalobau ein kohlenstoffreicher, harter Stahl, der wesentlich mehr hohe Frequenzen erzeugt als der vergleichsweise weiche Cembalodraht.

Auch die Wahl des Anschlagpunktes des Hammers auf die Saite hat man im Klavierbau im Hinblick auf die Bevorzugung hoher Frequenzanteile gewählt. Im Diskant eines Klaviers oder Flügels sind die Hammerköpfe nicht nur spitz gehalten, so dass man eine steilere Auslenkung der Saite auf nur kurzer Strecke und damit in der Fourier-Transformierten mehr höhere Frequenzen bekommt. Man versucht auch mit allen Mitteln den Anschlagspunkt so nah wie möglich an den Stimmstocksteg zu bekommen, indem man z. B. den Stimmstocksteg an die hinterste Kante des Stimmstocks legt oder bei einem Flügel die hintere Stimmstockfläche sogar noch abschrägt, damit der Hammer die Saite an einer möglichst stegnahen Stelle erreicht. Im frühen Hammerklavierbau ging Christian Ernst Friederici bei seinem Pyramidenflügel von 1745 sogar so weit, dass er die Diskanthammerköpfe in blankem Holz beließ, sie also nicht belederte oder gar befilzte, und zusätzlich in den Hammerscheitel ein Elfenbeinplättchen einsetzte, das mit seiner schmalen, harten Kante zu einem noch obertonreicheren Klang beizutragen hatte.

Dieses aus der Fourier-Transformation abgeleitete Grundprinzip der Ankopplung hoch abgestimmter Resonatoren an den Primärklang des Hammerklaviers, bzw. tief abgestimmter Resonatoren an den Primärklang der Kielinstrumente, ließe sich noch an vielen anderen Baudetails zeigen.

Wie zweckmäßig es für den Instrumentenbau gewesen wäre, Fouriers Theorie zu beherzigen, soll noch einem Beispiel belegt werden, das unser Thema baulicher Unterschiede zwischen Kiel- und Hammerinstrumenten unmittelbar berührt und viel Unruhe in das Musikleben des 20. Jahrhunderts gebracht hat. Gemeint ist die Situation zu Beginn des Jahrhunderts, als man das Cembalo wiederentdeckte und sich die Klavierbauer daran machten, Cembali zu bauen. Natürlich darf man ihnen keinen Vorwurf machen, dass sie nichts von der Fourier-Transformation und den sich aus ihr ergebenden bautechnischen Folgerungen wussten. Selbst in der angewandten Wissenschaft sind erst ab etwa der Mitte des 20. Jahrhunderts weitergehende praktische Folgerungen, vor allem auf dem Gebiet der Nachrichtentechnik, aus diesem bereits 1811 entwickelten mathematischen Werkzeug gezogen worden. Die Klavierbauer, die sich zu Beginn des 20.Jahrhunderts mit dem Cembalobau zu beschäftigen begannen, waren jedoch

„auf dem Holzweg", als sie sich allein auf ihre eigene Erfahrung verließen und die Probleme mit der Vorstellung angingen: „Wir haben schließlich aus dem Cristoforischen Hammerflügel in den 200 Jahren seit seiner Erfindung so herrliche Konzertflügel entwickelt, jetzt lassen wir einmal unser ganzes gesammeltes Wissen, unser Können und unsere Erfahrung dem seit dem Barock vernachlässigten Cembalo zukommen". Das Ergebnis dieser Selbstüberschätzung ist bekannt. Die Cembali wurden nach Art moderner Flügel gebaut, erhielten Resonanzböden in deren Dimensionierung, starke Saitenbezüge und zu allem Überfluss noch – aber natürlich in dieser Denkweise auch wieder konsequent – eine gusseiserne Platte. Die Folge davon war – in der Sprache des hier dargestellten – die Ankopplung hoch abgestimmter Resonatoren an ein hochfrequentes Ausgangssignal mit dem Ergebnis eines als dünn und spitz empfundenen Klangs, der in noch freundlicheren Rezensionen als der Nähmaschine nachempfunden beschrieben wurde. Fourier hätte wohl die Hände über dem Kopf zusammengeschlagen. Im Grunde konnte es ihm freilich nur recht sein, dass seine Nachfahren, wenn sie seine mathematischen Erkenntnisse schon nicht zur Kenntnis nahmen, wenigstens unter den Folgen dieser Ignoranz zu leiden hatten.

Das hier angeschnittene folgenreiche Problem des Cembalobaus im 20. Jahrhundert wurde übrigens auch später nicht auf dem hier aufgezeigten wissenschaftlichen Weg gelöst. Vielmehr hat man sich, als sich der Druck der ausübenden Musiker und der Erfahrung mit guten Museumsinstrumenten oder deren detailgetreuen Nachbauten auf den klavierbauerischen Hochmut immer mehr verstärkte, schließlich doch, wie Sie wissen, wieder auf die Bauprinzipien des 16. bis 18. Jahrhundert besonnen. Kleinlaute Sätze wie „Es ist doch erstaunlich, welches Wissen und welche Erfahrung die alten Cembalobauer hatten", machten die Runde. Und damit wurde schließlich dieses vermeidbare Problem des Cembalobaus im 20. Jahrhundert in freilich zeitraubender Weise behoben. Zur Ehrenrettung des Handwerks gegenüber der Wissenschaft sei jedoch abschließend bemerkt, dass die Cembalobauer der Renaissance und des Barocks nach Methoden arbeiteten, die die Erkenntnisse aus der Fourierschen Theorie längst vorwegnahmen und Fourier nur die Möglichkeit ließen, die allein aus handwerklicher Erfahrung gewonnenen Erkenntnisse des Instrumentenbaus im Nachhinein auch aus mathematisch-physikalischer Sicht als richtig zu bestätigen.

Referat, Jahrestagung Bund Deutscher Klavierbauer,
Bad Hersfeld, 18. Juni 1996

Kopie oder Rekonstruktion

Das Problem „Kopie oder Rekonstruktion" bestand augenfällig schon vom ersten Tag der Renaissance des Cembalos an. 1889 waren ja bekanntlich auf der Pariser Weltausstellung, den Beginn der Cembalo-Renaissance markierend, drei zu diesem Anlass neugebaute Cembali ausgestellt, und zwar je eines von Pleyel, Erard und Tomasini.[1]

Während Erard und besonders Tomasini sich bei ihren Nachbauten relativ eng an die überlieferten Vorbilder hielten - im Falle Erard stand sogar ein 1779 gebautes Cembalo aus eigenem Hause zur Verfügung - setzte Pleyel von Anfang an auf den „technischen Fortschritt" und war sich dabei offenbar ganz sicher, dass dieser technische Fortschritt auch die musikalischen Qualitäten seines Instruments gegenüber der historischen Vorlage entsprechend verbessern würde.

So gab er seinem Cembalo eine massive, dem Flügelbau entlehnte Holzkonstruktion, verlegte die Schaltvorgänge in eine sechspedalige Lyra und versah das Instrument mit den Tastenmensuren des modernen Klaviers.

Wie Sie wissen, ging damals die Frage, ob der Erard-Tomasinische oder der Pleyelsche Weg sich durchsetzen würde, eindeutig zu Gunsten der Firma Pleyel aus. Man sollte darüber nicht rechten: Das Cembalo war nach den ästhetischen Vorstellungen der Zeit eben nur wieder eingliederbar in das Musikleben, wenn es dem modernen Flügel möglichst ähnlich war. Der Protagonistin des Cembalospiels, Wanda Landowska, war es damit freilich noch nicht genug: Sie, die von den „toten Resonanzböden der Museumsinstrumente" sprach, setzte durch, dass Pleyel ihr für das Deutsche Bachfest 1912 in Breslau ein Instrument mit gusseisernem Rahmen und 16'-Register baute.

Mit diesem in der Folge als das Konzertcembalo schlechthin angesehenen Instrumententyp war zunächst für das erste Viertel unseres Jahrhunderts die Entscheidung „Kopie oder Rekonstruktion" zu Gunsten der letzteren, genauer gesagt sogar zu Gunsten einer Neukonstruktion gefallen.

---

1   Die drei genannten Instrumente befinden sich heute im Museum des Staatlichen Instituts für Musikforschung Berlin.

Diese einmal eingeschlagene Entwicklung war im weiteren Verlauf des Jahrhunderts nur schwer rückgängig zu machen. Der erste Schritt zur Umkehr war, dass man sich darauf besann, ja den „echten Bach-Flügel" zu besitzen, jenes Cembalo Nr. 316 der Berliner Sammlung, von dem Musikwissenschaftler wie Instrumentenbauer damals annahmen, es handle sich um ein Cembalo aus dem Besitz Johann Sebastian Bachs.

Dass diese zwischenzeitlich völlig verworfene These wahrscheinlich doch einen realen Hintergrund hat, haben Sie im Verlauf dieser Tagung von Herrn Dr. Krickeberg gehört. Dieses Instrument besitzt auch das ominöse 16'-Register, zum Glück aber natürlich wenigstens keinen Gussrahmen. Und so glaubte man sich schon weit fortgeschritten auf dem Weg zum authentischen Barockklang, als man sich in den Rekonstruktionen an diesem „Bach-Flügel" orientierte, mithin auf die Gussplatte verzichtete, schwere Konstruktion und 16'-Register aber beibehielt.

Dieser Instrumententyp löste vom Beginn der dreißiger Jahre an allmählich das Pleyel-Cembalo ab und war dann für mindestens dreißig Jahre das weitest verbreitete Konzertcembalo. Merkwürdig genug, dass Kopien anderer Originalinstrumente, die schließlich auch damals schon in Museen und Privatsammlungen zugänglich waren, für die musikalische Öffentlichkeit offenbar noch kein Thema darstellten.

Ich habe das bei meinem Großvater und Vater ja selbst miterlebt, mit welchem Sammlerstolz sie den Besuchern ihre Sammlung historischer Tasteninstrumente vorführten. Mit „schön, schön" reagierten die Besucher sinngemäß, aber keiner von ihnen wäre auf die Idee gekommen zu sagen, „machen Sie doch einmal eine Kopie" von diesem oder jenem Cembalo.

Nun werden die Gegner unseres Hauses antworten, wer sich damals dafür entschied den Fuß über die Schwelle der Firma Neupert zu setzen, war ohnehin schon für das historische Cembalo verloren. Daher ein zweiter Beleg dafür, wie wenig aufgeschlossen man damals noch für das historische Cembalo nach unserem heutigen Verständnis war:

Im Jahre 1953 fand in Bamberg ein Internationaler Musikwissenschaftlicher Kongress statt, wohl der erste Kongress dieser Art in Deutschland nach dem Kriege. Dort hielt mein Vater, Hanns Neupert, ein Referat unter dem Titel „Kopie und Rekonstruktion"[2], in dem er den Rekonstruktionsprinzipien, wie sie in den oben erwähnten sogenannten Bach-Cembali verwirklicht waren, eindeutig den Vorzug gegenüber den Kopien einräumte, denen er allenfalls zu wissenschaftlichen Zwecken eine gewisse Berechtigung zumaß. Warum auch nicht, war er doch – unterstützt von den führenden Musikern seiner Zeit – der Meinung, dass der als höchstrangig anerkannten Wahrung der Klangtreue – was immer man

---

2   Hanns Neupert, Kopie und Rekonstruktion, Internationaler Musikwissenschaftlicher Kongress Bamberg 1953, Kongress-Bericht, S. 85–89; im vorliegenden Band auf S. 29 ff.

darunter verstehen mochte – mit diesem Konstruktionsprinzip genüge getan werde.

In der sich an sein damaliges Referat anschließenden Diskussion hat kein einziger aus der vollständig versammelten Prominenz der Musikwissenschaftler und Instrumentenbauer das Wort zu Gunsten einer höheren Einschätzung der Kopie ergriffen, wie ich selbst als damals zuhörender Schulbub bezeugen kann. Dieser Umstand wurde dadurch noch bemerkenswerter, dass parallel zum Kongress in einer Ausstellung die interessantesten historischen Instrumente aus den Sammlungen Rück und Neupert gezeigt wurden.

Erstaunlich, wie blind man als Sehender und wie taub man als Hörender sein kann, wenn für eine Idee die Zeit noch nicht reif ist!

Ende der Fünfzigerjahre bzw. Anfang der Sechzigerjahre änderte sich jedoch die Bewusstseinslage. Die Initialzündung ging dabei von der „Bostoner Schule" aus, unterstützt von den bekannten grundlegenden Büchern Raymond Russels und Frank Hubbards. Die Breitenwirkung der von der Bostoner Schule verfolgten konsequenten Rückbesinnung auf die historischen Bauprinzipien verschaffte auch deutschen Instrumentenbauern wie Rainer Schütze oder Martin Skowroneck, die schon lange in dieser Richtung gearbeitet hatten, eine größere öffentliche Resonanz.

Zur öffentlichen Konfrontation beider Richtungen kam es dann auf dem Euro-Piano-Kongress 1965 in Berlin (West), wo Hanns Neupert noch einmal sein Prinzip der Rekonstruktion verteidigte[3], während Rainer Schütze in einem Co-Referat mit dem Titel: „Die Unterschiede in der akustischen und musikalischen Qualität bei alten und modernen Cembali"[4] die konsequente Rückbesinnung auf die Bauprinzipien der erhaltenen Originalinstrumente des 16. bis 18. Jahrhunderts forderte.

Wenn man mit dem heutigen zeitlichen Abstand diese Referate zum Konflikt Kopie – Rekonstruktion nachliest, dann ist es natürlich leicht, beckmesserische Anmerkungen zu machen: Sicher ist wohl, dass der folgende damals geäußerte Satz Hanns Neuperts inzwischen von der Wirklichkeit überholt wurde: „Gegner dieser Rastenbauweise behaupten, dass sie die Schwingungsentfaltung beeinträchtige. Sie übersehen, dass diese Aufgabe weder dem Gehäuse noch der Rast zukommt, dafür ist der Resonanzboden zuständig... Es kommt daher auch bei größeren Instrumenten dem geschlossenen Resonanzkasten keine Bedeutung für den Klang zu."

Wenn das so wäre, müsste z. B. ein und derselbe Resonanzboden, einmal in dem Korpus eines italienischen und eines französischen Aufbaus eingesetzt, bei

---

3   Hanns Neupert, Aktuelle Probleme des Cembalos und des Cembalobaues, Europiano Kongress Berlin 1965, Kongress-Bericht, S. 240–246.
4   Rainer Schütze, Die Unterschiede in der akustischen und musikalischen Qualität bei alten und modernen Cembali, Europiano Kongress Berlin 1965, Kongress-Bericht, S. 247–251.

gleichen Saitenmensuren auch ein gleichartiges Klangbild ergeben. Festzustellen, dass dem nicht so ist, ist mittlerweile eine Trivialität.

Andererseits büßte aber Rainer Schütze, der aus unserer heutigen Sicht damals „die besseren Karten" gehabt hätte, durch eine – er möge mir das verzeihen – schwer verständliche und etwas unglückliche Diktion viel von seiner möglichen Wirkung ein.

Aber das ist nun alles inzwischen Geschichte, wenden wir uns der Gegenwart zu. Und da gestatten Sie mir bitte einen allgemeinen Konsens darüber zu unterstellen, dass in den letzten zwanzig Jahren auf Grund der instrumentenbaulichen Untersuchungen an den Originalinstrumenten und vor allem auch auf Grund der wissenschaftlichen Untersuchungen über die Aufführungspraxis der Alten Musik, das Wissen und die klangästhetischen Vorstellungen über das Cembalo auf eine neue Stufe gehoben wurden. Überraschenderweise stellt sich aber heute die Frage „Kopie oder Rekonstruktion" wieder, freilich unter geänderten Vorstellungen über diese beiden Begriffe. Kopie bedeutet ja streng genommen eine exakte, vom Original ununterscheidbare Reproduktion eines Gegenstands. Eine solche Kopie mag vielleicht im Bereich der bildenden Künste - als Existenzgrundlage mancher Fälscherwerkstatt - möglich sein, im Cembalobau ist sie es sicher nicht. Als Beleg hierfür mag aus der Vielzahl möglicher Argumente neben der nicht exakten Reproduzierbarkeit der Alterungs- und Verarbeitungsprozesse am Instrument nur die bekannte Tatsache angeführt werden, dass niemals zwei Stück Holz absolut identisch sind. Man muß also vom Wunschbild der Kopie im Sinne dieser Definition schon wieder Abschied nehmen, sobald man sich für die ebenfalls unter dem Schlagwort „Kopie" etwas salopp zusammengefaßte historische Bauweise im Cembalobau entschieden hat.

Die Kernfrage lautet heute aber: wie exakt, wie maßstab- und materialgetreu muß einerseits ein Originalinstrument nachgebaut werden und wieviel Freiheit darf man sich andererseits beim Nachbau nehmen, ohne dass sich der Nachbau in seinem Wesen vom Original unterscheidet.

Um das Problem in die heute so beliebten griffigen Schlagworte zu bringen: Muss das nachgebaute Instrument eine „Kopie von" werden oder darf es auch eine „Kopie nach" sein.

Die große Mehrzahl der Instrumentenbauer wird heute sicher mit mir der Ansicht sein, dass man z. B. einen eklatanten Teilungsfehler des Originalinstruments nicht mit in den Nachbau übernehmen muss. Aber wie steht es beispielsweise schon bei den Stimmnägeln? Darf man da von den handgeschmiedeten alten auf moderne übergehen mit Führungsloch, genormtem Durchmesser und Maschinengewinde? Ändert man damit nur den ästhetischen Gesamteindruck des Instruments oder hat der Wechsel auch funktionale Auswirkungen? Gibt es nicht für manche Fertigungsdetails der Alten eine sachbezogene Begründung, die wir nur nicht mehr kennen und die uns daher als „Fehler" vorkommt? Es ist hier leicht Fragen zu stellen und schwer Antworten zu geben.

Von den ausübenden Musikern darf man sich übrigens dabei – von rühmlichen Ausnahmen abgesehen - nicht immer Hilfe erwarten. Vor nicht allzu langer Zeit habe ich z. B. zwei sehr prominenten Cembalisten ein und dasselbe italienische Cembalo unter gleichen Bedingungen vorgestellt.

Kommentar des Ersten: „Sehr schön, aber zu zart intoniert."

Kommentar des Zweiten: „Sehr schön, aber zu stark intoniert."

Bitte verstehen Sie dieses Beispiel nicht so, dass ich mich über Musiker mokieren möchte, es soll vielmehr zeigen, dass der Instrumentenbauer die Verantwortung für den Klang seiner Instrumente nicht einfach delegieren kann, dass er selbst – natürlich im Dialog mit den Musikern - eine klangliche und damit letztendlich auch künstlerische Entscheidung für seine Instrumente treffen und verantworten muss.

Da es den einzig objektiv richtigen Weg zum Nachbau eines historischen Cembalos nicht gibt, muss sich jeder Instrumentenbauer in zahllosen Einzelentscheidungen seinen Pfad in dem Feld suchen, das sich zwischen Original und Nachbau auftut.

Hierin liegt natürlich ein großer Reiz im Instrumentenbau. Und als Folge davon kann dann auch der Musiker unter einer Vielfalt unterschiedlicher Instrumente auswählen.

Der Weg, den wir in meiner Werkstatt einschlagen, kann nach dem Gesagten nur subjektiv sein, keinesfalls kann er für sich in Anspruch nehmen objektiv oder gar allgemeingültig zu sein. Aber es ist der Weg, den wir - das sind meine Mitarbeiter und ich – voll verantworten, mit dem wir das uns befriedigendste Ergebnis unserer Arbeit erreichen, den wir aber auch immer wieder in Frage stellen bzw. in Frage stellen lassen.

Dieser Weg verläuft etwa so: Wenn wir uns für den Nachbau eines Originals entschieden haben, beginnen wir tatsächlich zunächst mit einer "sklavisch genauen" Kopie, d. h. exakter Übernahme der Originalmaße, der Holzarten, der Verarbeitungsmethoden, soweit sie dem Original noch zu entnehmen sind.

Der Hauptgrund hierfür ist, dass wir das ursprüngliche Instrument und die Intentionen seines Erbauers auf diese Weise erst einmal verstehen wollen. Wenn man vorschnell über den einen oder anderen Bauschritt beim Original z. B. urteilt, „ach wie umständlich, da weiß ich doch einen viel schnelleren, besseren Weg", fällt man wohl dem Meister gelegentlich zu früh in den Arm und merkt gar nicht, warum er eine scheinbar umständliche Lösung gewählt hat.

Anhand des zunächst gefertigten Prototyps beginnt dann unsere eigentliche kreative Arbeitsphase. Wir fragen uns, was gefällt uns an dem Instrument, wo glauben wir Schwächen zu erkennen, wie könnte man sie verbessern, schließlich auch, wie kann man zweckmäßiger zu demselben konstruktiven bzw. klanglichen Ergebnis kommen.

Diese Änderungs- und Verbesserungsvorschläge werden dann schrittweise bei den nächsten zu bauenden Instrumenten ausgeführt, und es wird jeweils untersucht, ob sie den gewünschten Erfolg bringen, sich neutral verhalten oder gar zu unerwünschten Nebeneffekten führen. Dabei achten wir darauf, dass wir zwei Änderungen, die sich gegenseitig beeinflussen und damit die Einzelwirkung überdecken könnten, nicht gleichzeitig durchführen.

Die in Angriff genommenen Änderungen sollen dabei möglichst im Geist der Schule bleiben, der das originale Instrument angehört, sozusagen im stillschweigenden Einvernehmen mit dem ursprünglichen Erbauer erfolgen oder, um es mit Hegel auszudrücken: Der Nachbau soll sich nur in der Erscheinungsform, nicht aber im Wesen vom Original unterscheiden.

So sind wir beispielsweise überhaupt nicht pingelig, wenn es gilt, an der einen oder anderen Stelle im Cembalo im Unterschied zum Original eine Schraube zu Arretier- oder Justierzwecken anzubringen. Das hätte unser Vorbild sicher auch getan, wenn nicht für ihn, lange vor der Zeit der Automatendrehereien, eine Schraube eine umständlich von Hand zu fertigende Kostbarkeit gewesen wäre, deren Herstellungsmühe man vermied, wo immer es sich einrichten ließ. Wir versehen daher z. B. die Holz-Springer unserer Instrumente zur Feinregulierung ohne Bedenken mit Schrauben, natürlich möglichst geringen Eigengewichts. Es ist nämlich nach unserer Ansicht einem Cembalisten nicht zuzumuten am Tag vor einem Konzert viele Stunden damit zu verbringen, Pappstückchen auf jeden einzelnen seiner Springer aufzuleimen, um ihn richtig einzuregulieren. Solange sich kein Cembalist findet, der mit Finger oder Ohr entscheiden kann, ob die Springer im Instrument Regulierschrauben besitzen oder nicht, werden wir auch bei dieser Entscheidung bleiben.

Um auch ein Gegenbeispiel, also die Ablehnung eines möglichen technischen Fortschritts zu nennen: Eine Pedalschaltung zur Registrierung, so technisch ausgereift, für den Spieler bequem und ohne Beeinträchtigung der klanglichen Eigenschaften des Instruments sie sich heute auch ausführen lässt, lehnen wir ab. Nicht, dass wir die aufführungspraktischen Konsequenzen fürchten, wenn die Musiker wieder munter in den Stücken herumregistrieren können, das fällt schließlich in deren Eigenverantwortung. Der für uns wichtigere Grund ist, dass ein gutes Instrument nicht nur in seinen klanglichen, sondern auch in seinen optischen Proportionen stimmen muss. Und da ist eben ein Pedalkasten doch ein rechter Fremdkörper.

Eine wichtige Voraussetzung für unseren hausinternen Weg der Instrumentenentwicklung sollte ich noch erwähnen: Es müssen relativ viel Instrumente in verhältnismäßig schneller Abfolge von ein und demselben Modell gebaut werden. Das menschliche Klanggedächtnis ist nämlich erwiesenermaßen schlecht.

Wenn es ein halbes Jahr dauert, bis man an einem Nachfolge-Instrument die Auswirkung etwa der Verminderung einer Rippenhöhe um 5 mm überprüfen kann, dann weiß niemand mehr mit Sicherheit wie das erste, meist auch nicht mehr am Ort verfügbare Instrument, im Vergleich geklungen hat. Hier kommt der Bau größerer Stückzahlen der Weiterentwicklung der Instrumente natürlich sehr zugute.

Für die Entscheidung Pro und Contra einer Änderung an einem Nachbau gibt es außerordentlich viele weitere Beispiele aus praktisch jeder Bauphase des Instruments. Die Zeit verbietet jetzt unmittelbar hier fortzufahren. Zu manchen Fragestellungen wäre dabei einschränkend anzumerken, dass ich Ihnen zwar sagen kann, wie wir es machen, aber keineswegs immer, warum wir es so machen. Manche Entscheidung ist nur „gefühlsmäßig" abgesichert. Es wäre ja auch noch schöner, wenn es im Musikinstrumentenbau plötzlich durch und durch rational zuginge.

Darf ich zum Abschluss noch auf ein Bauteil des Cembalos eingehen, das in der Literatur des nun fast einhundertjährigen Disputs „Kopie oder Rekonstruktion" fast völlig unerwähnt blieb und das doch von so entscheidender Bedeutung für ein gutes, sensibles Cembalo ist: Ich meine die Klaviatur.

In den erwähnten Referaten vom Euro-Piano-Kongress 1965 kommt z.B. bei Rainer Schütze das Wort Klaviatur überhaupt nicht vor. Bei Hanns Neupert wird es nur im Zusammenhang mit dem Wunsch erwähnt, doch möglichst bald eine Standardisierung des Stichmaßes und der Vordertastenlänge herbeizuführen - ein Problem, über das die Zeit einfach hinweggegangen ist.

Nur zu gut erinnere ich mich hingegen der öfters geäußerten Ansicht, die Klaviatur sei sozusagen Teil des „Getriebes" eines Cembalos. Die damit verbundene und ja auch tatsächlich verwirklichte Vorstellung scheint mir gefährlich. Sie ordnet der Klaviatur nämlich die Rolle eines mechanischen Teils zu, das möglichst geräusch- und reibungslos einen durch Fingerdruck ausgeübten „Schaltbefehl" des Spielers in einen Zupfvorgang umzusetzen hat. Über die Art der Ausführung des Zupfvorgangs kann dabei – konkret in Folge des großen Massenträgheitsmoments der Tasten und der Abpufferung über die weich garnierten Tastenführungen – keine ertastbare Rückkoppelung an den Spieler gelangen.

Der Spieler hat bei einer derartigen Klaviatur die Tasten beinahe wie die Knöpfe eines Automaten zu betätigen, oft mit Recht als „seelenlos" bezeichnetes Spiel ist bzw. war die Folge.

Für das Cembalo als dynamisch nur sehr gering schattierbares Instrument ist aber die Gestaltung der zeitlichen Mikrostruktur durch Phrasierung und Modifikation des Anschlags von entscheidender künstlerischer Bedeutung. Ein solches Spiel ermöglicht aber nur eine möglichst leicht ausgewogene Klaviatur mit zur besseren Kopplung direkt im Holz verlaufenden Tastenführungsstiften, mit Hintertastenführung, so dass die Vordertaste unter dem Fingerdruck des Spielers frei nachfedert und insgesamt der Spieler den Anreißvorgang unmittelbar in der Fingerkuppe spüren kann.

Wer einmal gesehen hat, welch hochverfeinerte Kunst der Ausarbeitung in der Klaviatur eines französischen Originalinstruments steckt, dem wird klar, dass nur mit einer derartigen Klaviatur das Klangraffinement der Musik der französischen Clavecinisten adäquat darstellbar ist.

Gern würde ich schließen mit einem vorsichtigen Blick auf die Zukunft des Cembalobaues. Ich sollte es aber wohl unterlassen, denn wenn es so weitergeht wie bisher in unserem Jahrhundert, haben wir allen Grund das Urteil der Nachfahren über unsere heutige Arbeit zu fürchten.

Referat, 8. Symposium zu Fragen des Musikinstrumentenbaus,
Michaelstein, 13./14. November 1987

Das Musikinstrument, Jahrg. 37, H. 3–4, 1988, S. 177–180.

1986: Anmerkungen zur aktuellen Situation des Cembalos

Wie steht es um das Cembalo im Jahre 1986?

So allgemein formuliert überfordert die Fragestellung. Man stelle sich nur einmal ein paar der zur Präzisierung notwendigen Ergänzungen vor: Wie steht es um das Cembalo in Deutschland? im internationalen Musikleben? um den Cembalobau? die Cembalobauer? die Cembalomusik? den Cembalomarkt? Es erscheint sehr schnell als aussichtsloses Unterfangen, sich auch nur ansatzweise an einer Gesamtbestandsaufnahme zu versuchen. Wahrscheinlich wären Voraussetzungen hierfür ein gewisser zeitlicher Abstand zur untersuchten Situation und vor allem auch eine gewisse Distanz des Verfassers zur Sache, wie sie hier nun einmal nicht gegeben ist.

So sollen im Folgenden lediglich einige Schlaglichter auf die „Szene" im Bau historischer Tasteninstrumente geworfen werden, aus höchst subjektivem Blickwinkel, unter Verzicht auf allzu oft nur Langeweile erzeugende „Ausgewogenheit" der Argumentation, aber dafür in der Hoffnung auf Anregung zu Diskussion, Widerspruch, vielleicht auch gelegentlicher Zustimmung.

Feststellen lässt sich zunächst, dass sich der Cembalobau international wie auf bundesdeutscher Ebene unter dem Einfluss des Umbruchs der letzten Jahrzehnte heute auf erstaunlich hohem Niveau stabilisiert hat. Die Vielzahl nationaler und internationaler Instrumentenausstellungen, unter denen Brügge (im dreijährigen Rhythmus) und Boston (alle zwei Jahre) eine herausragende Stellung einnehmen, zeigt ein stolzes Bild geleisteter Entwicklungsarbeit in der Wiederentdeckung der Instrumentenbaukunst des 16. bis 18. Jahrhunderts.

Den Nutzen davon haben die Musiker, die ihr Spiel nun auf einen zuverlässig hohen und historisch abgesicherten Standard der Instrumente einstellen können. Dabei hat es in der Zwischenzeit ein allgemeines „Einhören" aller Beteiligten auf die Klangcharakteristika der einzelnen nationalen Schulen, vornehmlich der italienischen, flämischen und französischen gegeben. Es herrscht ein schwer definierbares, aber doch ganz eindeutiges Einverständnis darüber, welcher dieser Schulen ein bestimmtes Instrument zuzuordnen ist.

Das ist keineswegs selbstverständlich, ist es doch allgemein bekannt, dass von verschiedenen Cembalobauern stammende, als gleichermaßen gut angesehene Nachbauten ein und derselben Vorlage sehr unterschiedlich klingen können. Zum anderen haben die Nachfolgearbeiten zu F. Hubbards die Initialzündung auslösendem Buch „Three Centuries of Harpsichord Making" (1965) ein sehr viel differenzierteres Bild des Cembalobaus ergeben, als zunächst zu erkennen war. Heute weiß man, dass z. B. die Frage: „Was ist ‚das' italienische Cembalo?" nicht kurz und bündig beantwortbar ist. Trotzdem hört der „Insider" zweifelsfrei, ob er einen „Italiener" vor sich hat oder nicht.

Diese Tatsache lässt sich unterschiedlich deuten, indem man einerseits die überragenden messtechnischen Eigenschaften des menschlichen Ohres rühmt, dem es gelingt, aus einer Vielzahl unterschiedlicher klanglicher Erscheinungsformen das gemeinsame Wesen herauszufiltern, oder indem man andererseits das menschliche Ohr verdammt, weil es die komplexen historischen Gegebenheiten so unzulässig vereinfacht.

Eine Folge dieser relativ sicheren Klangvorstellungen von den Cembali der einzelnen nationalen Schulen ist, dass neue Instrumente, die ihr Erbauer „nur" nach seinen eigenen Gütekriterien anfertigt, die aber keinem der gängigen Klagbilder entsprechen, oft nur verständnisloses Achselzucken auslösen. Nicht dass ein solches Instrument als schlecht empfunden wird; es lässt sich eben nur nicht einordnen. Eigentlich schade, wird hierdurch doch dem schöpferischen Instrumentenbauer ein Stück Individualität genommen. Es scheint mir dies auch der Hauptgrund dafür zu sein, dass einige Cembalobauer, gegenüber deren Instrumenten ich große Hochachtung empfinde, über regionale Bedeutung nicht hinauskommen.

Eine vergleichbare Übereinstimmung darüber, wie ein „deutsches" Cembalo zu klingen hat, gibt es nach meiner Erfahrung übrigens noch nicht, vielleicht wird es sie auch nie geben, Dazu sind der norddeutsche, der sächsisch-thüringische und der süddeutsche Cembalobau, die ja alle unter dem Wort „deutsch" subsumiert sind, zu unterschiedlich und überdies jeweils von ausländischen Einflüssen überlagert. Man ist wohl auch, was das Klangbild der deutschen Cembali betrifft, noch in der Phase des „Sich-Herantastens". Viele Detail-Kenntnisse über diese Instrumente sind noch jüngeren Datums. Es wirkt so, als sei ihre Erforschung erst durch F. Hubbards Klage über die seiner Ansicht nach geringe Anzahl erhaltener deutscher Cembali angeregt worden. Vergleicht man, wo dies unmittelbar nebeneinander möglich ist, verschiedene Nachbauten ein und desselben deutschen Originalinstruments, so hat man Schwierigkeiten zu hören, dass es sich um Nachbauten der gleichen Vorlage handelt, das „tertium comparationis" will sich nicht zu erkennen geben.

Cembalobauern ist ein ausgeprägter Forschungsdrang zu eigen. Wo liegen derzeit die Hauptinteressen über die weitere Beschäftigung mit dem Nachbau der wichtigsten Originalinstrumente aus den fünf großen nationalen Schulen hinaus? Soweit man Ausstellungen als Maßstab für die Beantwortung dieser Frage heranziehen kann, sind es vor allem drei Themen.

1. Das Augenmerk gilt vermehrt dem ausgefallenen Instrumententyp, es werden die Randgebiete des Instrumentenbaus aufgearbeitet. So konnte man zum Beispiel in Boston im Vorjahr den Nachbau eines „Nürnbergisch Geigenwerk", also eines Streichklaviers, bestaunen. Vor ein paar Jahren war in Stuttgart ein Lautenklavier ausgestellt, in Brügge fand diesen Sommer ein dreimanualiges Cembalo mit 16'-Register besondere Aufmerksamkeit.

2. Ohne Auswirkungen blieb auch nicht, dass sich auf Grund der Forschungsergebnisse der letzten Jahre F. Hubbards Beschränkung auf fünf nationale Schulen (Italien, Flandern, Frankreich, England, Deutschland) als zu grobes Raster zur Beschreibung des historischen Cembalobaus erwies. Auf das zwischenzeitlich differenziertere Bild vom deutschen Cembalobau wurde bereits hingewiesen. Mittlerweile weiß man aber auch mehr über die Geschichte des Cembalobaus z. B. auf der Iberischen Halbinsel oder in Skandinavien. Für die bauliche Umsetzung dieses erweiterten Erfahrungsschatzes gibt es bereits erste Beispiele, weitere werden wohl bald folgen.

3. Der vielleicht zukunftsträchtigste Schwerpunkt in der Entwicklungsarbeit der Cembalobauer gilt dem Hammerflügel. „Cembalobauer" ist eben ganz im Sinne der vor allem in Deutschland gepflegten Tradition als „Erbauer von Tasteninstrumenten" zu verstehen. Wurde der Nachbau von Instrumenten mit Hammermechanik bis vor rund einem Jahrzehnt meist noch als von allenfalls akademischem Interesse angesehen, so ist man jetzt auf breiter Linie in die Aufarbeitung der Epoche zwischen 1770 und 1840 eingetreten. Die Geschichte des Klavierbaus findet gewissermaßen ein zweites Mal im Zeitraffer statt. Dabei wird – ganz im Gegensatz zur Wiedererweckung des Cembalos – der Umweg über die Pianofabriken diesmal vermieden.

Bei den Pianisten besteht ja auch noch erheblicher Nachholbedarf an der Bildung historischen Bewusstseins. Keiner soll daran gehindert werden, auf dem Konzertpodium sein Heil an einem Steinway zu suchen. Aber jeder einigermaßen klang- und anschlagssensible Pianist wird seinen Mozart oder Schubert auf einem modernen Instrument ganz anders spielen, wenn er erst einmal an einem Hammerflügel erfahren hat, von welchen Voraussetzungen die alten Meister beim Komponieren ausgingen. Als erfreuliches Anzeichen für wachsendes Verständnis ist zu werten, dass in den letzten Jahren einige deutsche Musikhochschulen das Hammerflügelspiel in ihr Ausbildungsangebot aufgenommen haben.

Wie steht es aktuell bei den Cembalisten mit dem Verhältnis zu ihrem Instrument bzw. zu dessen Erbauer? Hier sind, was instrumentenbauliche Fragen betrifft, Verständnis und Wissen in den letzten Jahrzehnten erheblich gewachsen. Vorbei die Zeit, wo es für den begnadeten Künstler als chic galt, sich nicht um das zu kümmern, was sich jenseits der Tasten in seinem Instrument abspielt. Fast jeder Cembalist erledigt heute selbst die routinemäßigen Stimm- und Regulierarbeiten, wobei – das soll nicht verschwiegen werden – die Bausätze sicherlich wesentlich zu einem besseren technischen Verständnis beigetragen haben. Der notwendige Dialog zwischen Musiker und Instrumentenbauer ist leichter geworden. Freilich wird dabei gelegentlich über das Ziel hinausgeschossen: Es kommt immer wieder vor, dass ein Musiker mit seinem Instrumentenwunsch auch gleich noch mehr oder weniger umfangreiche bautechnische Anleitungen verbindet. Erst Rückfragen und Gespräche klären dann allmählich die musikalischen Aspekte dieser „technischen Hinweise". Es wäre zu begrüßen, wenn man hier wieder auf den traditionellen Weg zurückkehren könnte, auf dem der Kunde seine musikalischen Ansprüche äußert und es dann vertrauensvoll dem Instrumentenbauer überlässt, die notwendigen bautechnischen Folgerungen daraus zu ziehen.

Was tut sich eigentlich im Verhältnis der Cembalobauer untereinander? Gewiss eine delikate Frage, wenn man an so manche sorgfältig gepflegte, die Fachliteratur durchziehende Fehde denkt. Es scheint, als sei zwischenzeitlich die Einsicht gewachsen, dass gesundes Konkurrenzdenken und kollegialer Gedankenaustausch sich nicht gegenseitig auszuschließen brauchen. Ein wichtiger Schritt in eine vernünftige Richtung war dabei sicherlich die 1984 erfolgte Gründung eines Berufsverbandes, des „Fachverbands Historische Tasteninstrumente". Man gewöhnt sich dort an den Umgang miteinander, spürt die Aktivitäten des neuen Verbands, etwa bei der Inangriffnahme eines physikalisch-technischen Forschungsprogramms, das für den Einzelnen nie und nimmer durchführbar gewesen wäre. Auch ein eventueller Dissens lässt sich im gemeinsamen Gespräch auf das zurückführen, was er meist nur ist, nämlich ein Missverständnis.

Eitel Eintracht herrscht deswegen noch lange nicht in der Branche. Für wohl eher überflüssige Unstimmigkeiten sorgt z. B. der von außerhalb des Verbandes stehenden Cembalobauern unternommene Versuch, die Branche in „handwerkliche Instrumentenbauer" und „fachhandelsorientierte Hersteller" auseinander zu dividieren. Als ob die Vertriebsform der Instrumente etwas mit ihrem Herstellungsverfahren zu tun hätte! Der Bau heutigen Qualitätsmaßstäben des Kunden entsprechender Cembali erfolgt immer und überall handwerklich. Es ist nicht vorstellbar, wo er mit Aussicht auf Erfolg anders betrieben werden könnte. Ob die Instrumente eines Cembalobauers als gut oder schlecht beurteilt werden, hängt nicht von der Größe seines Betriebs ab. Es gelten weder die Gleichungen klein = gut, groß = schlecht noch deren Umkehrungen. Entscheidend ist allein – um die diesbezügliche Formulierung eines renommierten Musikwissenschaftlers aufzunehmen -wie sehr im einzelnen Betrieb die „Durchdringung der Materie Cembalobau" gelingt.

So ist das Cembalo, das historische Tasteninstrument, im Jahre 1986 inmitten unterschiedlicher Ansichten, erreichter Vorstellungen und vorgegebener neuer Ziele auf seine Weise weiterhin aktuell. Es möge dies alles in den Hintergrund treten, wenn sich ein Künstler an das Instrument setzt und es seiner wichtigsten Aufgabe dienen kann, der „Recreation des Gemüths".

Das Musikinstrument, Jahrg. 35, 1986, S. 16 f.

Das Cembalo im Fachhandel

„Das Cembalo im Fachhandel" oder etwas allgemeiner ausgedrückt „Das historische Tasteninstrument im Fachhandel" – dieses Thema erlaubt den Versuch, die Situation Ihnen auf diesem Gebiet aus heutiger Sicht darzustellen. Vielleicht um manches Informationsdefizit oder Missverständnis abzubauen, aber auch um Ihnen Anregungen und Entscheidungshilfen zu geben für eigene Aktivitäten im Bereich der historischen Tasteninstrumente.

Beginnen möchte ich mit einem kurzen Rückblick auf die Entwicklung des Cembalos in den letzten Jahren bzw. Jahrzehnten und auf die hieraus resultierenden Auswirkungen auf den Fachhandel. Meine Hauptaufgabe wird dann aber sein mit dem Blick nach vorne aufzuzeigen, welche doch ganz umfangreichen und vielfältigen Unterstützungen bzw. Anregungen Ihnen heute für die Arbeit mit den historischen Tasteninstrumenten zur Verfügung gestellt werden können.

Zunächst also ein kurzer Rückblick. In den letzten zwei Jahrzehnten hat es, wie Sie wissen, einen entscheidenden Wandel im Cembalobau gegeben. Die Devise lautete: Weg vom sogenannten modernen Cembalo, das nach den Vorstellungen mit zu vielen Anleihen aus dem modernen Klavier- und Flügelbau konstruiert war und stattdessen Rückbesinnung auf Bauweise und Klangbild der noch erhaltenen Cembali des 17. Und 18. Jahrhunderts.

Unter Beschränkung auf die rein konstruktiven Merkmale ließ sich dieser Wandel mit der Kurzformel „Kastenbau statt Rastenbau" ausdrücken.

Neue Tendenzen im Instrumentenbau sind ja an sich etwas Positives. Hier lief aber eine Entwicklung völlig am Fachhandel vorbei. Die Gründe hierfür heute noch im Einzelnen analysieren zu wollen, ist müßig. Sicher lag ein Teil der Schuld bei den größeren Cembaloherstellern – größer ist dabei nur im quantitativen Sinne, also wertneutral gemeint – die dieser Tendenz teilweise nur zögernd oder überhaupt nicht folgten.

Aber auch der Handel vermutete in der Hinwendung zum historischen Cembalo zu lange eine kurzlebige Moderichtung und verharrte in eingefahrenen Geleisen. Das Ergebnis ist bekannt: Es schlug die Stunde der Bastler und Außenseiter. Überall taten sich plötzlich umfunktionierte Garagen und Hobbykeller auf, in denen meist unschwer der alternativen Szene zuzuordnende selbsternannte Experten „Meistercembali" zu bauen begannen. Hatte ein potentieller Kunde dort erst einmal Stallgeruch aufgenommen und war durch die Sägespäne der Wohn-Werkstatt gewatet, so war er für den traditionellen Vertriebsweg Hersteller – Fachhändler – Kunde schier unwiederbringlich verloren.

„Jeder sein eigener Cembalobauer" tönte es darüber hinaus aus Zeitungsannoncen. Das Geld für einen Bausatz ließ sich ja auch noch aufbringen. Wer mit seinem Bausatz dann zu einem halbwegs vorzeigbaren Ergebnis kam, stimmte ein großes Siegesgeschrei an. Wer scheiterte – es dürften nicht wenige gewesen sein – schwieg schamvoll. So entstand in der Öffentlichkeit ein völlig verzerrtes, irreführendes Bild von der Erfolgsquote bzw. den Schwierigkeiten beim Eigenbau eines Cembalos.

Hingegen waren gewachsene handwerkliche Tradition, Erfahrung, Fachkenntnis, Zuverlässigkeit plötzlich Werte, die völlig in den Wind geschlagen wurden. Im Gegenteil: Die Hinterhofszene gab sich nicht zimperlich. Die etablierten Hersteller, die immerhin einen entscheidenden Beitrag geleistet hatten, um das Cembalo auf breiter Basis wieder in unser Musikleben zu integrieren, sahen ihre Instrumente geschmäht als „Fabrikcembali", seelenlose Massenware, im Klang den Produkten der Firma Singer nicht unähnlich und dergleichen mehr.

Die Situation wurde nicht nur für die traditionellen Hersteller, sondern gleichermaßen auch für den Fachhandel unangenehm und unbefriedigend. Die Gefahr bestand dabei für den Fachhändler weniger in der unmittelbaren Umsatzeinbuße – die hätte sich in den meisten Fällen wohl verkraften lassen – als vielmehr in dem Luxus, den Bedarf eines vielleicht nicht allzu großen, dafür aber im jeweiligen örtlichen Musikleben meist umso einflussreicheren Teils seines Kundenstammes unversorgt zu lassen.

Um ein Beispiel zu nennen: Es ist eine unbestreitbare Tatsache, dass für einen Großteil der musikalischen Aktivitäten einer Stadt, beginnend von der musikalischen Umrahmung zur Einweihung der neuen Bank-Schalterhalle bis hin zum Weihnachtskonzert des örtlichen Laienorchesters unverhältnismäßig viel häufiger ein Vivaldi-Konzert gespielt wird als etwa eine Mahler-Symphonie. Barockmusik ist eben technisch sehr viel leichter zugänglich als die spätere Musik. Das heißt aber auch, dass bei einer Vielzahl von Konzerten ein Cembalo erforderlich wird. Der Fachhändler, der dem Gestellungswunsch nach einem Cembalo der örtlichen Musikenthusiasten nur ein bedauerndes „tut mir leid" entgegenhalten kann, braucht sich nicht zu wundern, wenn sein Kunde nach anderen Vertriebswegen sucht. Dass dieser Kunde sich aber auch seines Fachhändlers evtl. bei einem anderen Anschaffungswunsch nicht mehr erinnert, kann nicht ausgeschlossen werden. Dieser Effekt der Umwegrentabilität – wenn ich es einmal so bezeichnen darf – von historischen Tasteninstrumenten für den Fachhandel, spielt eine größere Rolle, als manchem vielleicht bewusst ist. Es wird mir schließlich immer wieder aus Ihren Reihen bestätigt, dass so mancher Klavierverkauf nur über die Kontakte zustande kam, die man über Cembalo-Gestellungen an den musikalisch eben meist besonders aktiven und einflussreichen Teil seines Kundenstammes aufgebaut hatte.

Umgekehrt ist es aber durchaus so, dass der Kunde sich auch gern wieder der Leistungsfähigkeit seines Fachhändlers bedienen würde. Auch hierfür ein typisches Beispiel: Der geniale Cembalobauer aus der Garage um die Ecke ist mit unbekanntem Ziel verzogen. Es gibt keine Ersatzteile, keine Beratung mehr, von Garantieleistungen ganz zu schweigen. Sicher ist es nicht wenigen von Ihnen schon so ergangen, dass ein lange nicht mehr gesehener, ehemaliger Kunde plötzlich mit treuherzigem Augenaufschlag im Geschäft erschien, irgendwelche Bruchstücke seines Cembalos aus der Tasche zog und Sie um Ihre Hilfe bat. Hier liegt Ihre Chance, und zwar nicht erst zu diesem Zeitpunkt, sondern bereits im Vorfeld bei der Kundenberatung, wenn Sie auf den langzeitlich gesicherten, immer verfügbaren Service Ihres Hauses hinweisen, auf die Werksgarantie zu den Instrumenten und auf die Tatsache, dass der Fachhandel von den Herstellern auch nach Jahrzehnten - ich bin in der Versuchung zu sagen, auch noch nach Jahrhunderten – Ersatzteile für alle gelieferten Instrumente besorgen kann. Verschenken Sie diese wichtige Möglichkeit nicht, Ihrem Kunden berechtigte, vertrauensbildende Sicherheit zu vermitteln.

Das bisher Vorgetragene würde eigentlich kein allzu erfreuliches Bild über das Cembalo im Fachhandel ergeben. Wenn ich Ihnen heute als Hersteller diese Situation der vergangenen Jahre so ungeschminkt schildere, dann aus dem Wissen und auch etwas Genugtuung heraus, dass gegen die erkannten Probleme zwischenzeitlich und gerade in letzter Zeit sehr Vieles erfolgreich unternommen wurde.

Von diesen Aktivitäten soll nun unter der eingangs geäußerten Devise „Blick nach vorne" die Rede sein. Gestatten Sie mir dabei zunächst ein paar Worte zur Analyse des potentiellen Kundenstamms für historische Tasteninstrumente. Zwei unterschiedliche Gruppen von Käufern kommen aus unserer Sicht im Wesentlichen für die historischen Tasteninstrumente in Frage:

Jeder Privatmann, der bei Ihnen einmal ein Klavier oder einen Flügel gekauft hat, ist ein potentieller Kunde für ein historisches Tasteninstrument als Zweitinstrument. Die Aussicht, dass sich ein derartiger Kunde neben das Klavier an seiner Wohnzimmerwand noch ein zweites Klavier stellt, ist gering. Jedoch möchte der Amateur die ihm eben am ehesten technisch zugängliche Barockmusik auf dem hierfür gemäßen Instrument spielen, sei es, dass er hierzu durch Rundfunk und Schallplatte sensibilisiert wurde, sei es, dass er seine Blockflöte spielenden Kinder stilgerecht begleiten möchte oder sei es auch nur, dass er ein Instrument sucht, das er nach 22 Uhr noch spielen oder auch bequem in sein Ferienhaus mitnehmen kann. Die Wahrscheinlichkeit mit ihm zu einem Kaufabschluss zu kommen, ist gegeben und viel wichtiger noch, sie ist von Ihnen selbst aktivier-

und steuerbar. Das kann im einfachsten Falle so aussehen, dass Sie der endlosen Reihe mittelfarbiger Nussbaumklaviere etwas von dem diskreten Charme eines Sarglagers nehmen, indem sie zwischenhinein als Blickfang ein auflockerndes, vielleicht sogar farbiges Spinettchen postieren.

Die zweite Zielgruppe für das historische Tasteninstrument hat präzisere, anspruchsvollere und meist ziemlich genau artikulierbare Wünsche an das gesuchte Instrument. Es sind das die öffentlichen Institutionen, Theater, Opernhäuser, Musikschulen, Gymnasien an Ihrem Ort, aber auch der meist recht sachkundige Musikfreund, der seit langem zielstrebig auf „sein Cembalo" hingearbeitet hat. Dieser Kundenkreis ist zwar entschieden kleiner als der zuerst genannte, dafür aber wesentlich anspruchsvoller. Das Kundengespräch muss hier besonders beratungsintensiv sein, wenn es Erfolg haben soll. Ein Fachgeschäft, das dieser Aufgabe gewachsen ist, hat dann aber auch ein entsprechendes Ansehen am Ort.

Zu einer intensiven Kundenberatung gehört natürlich ein umfangreiches Fachwissen und hier setzen nun die unterstützenden Möglichkeiten ein, über die ich Ihnen im Folgenden berichten will:

Da ist zunächst die Literatur, die Sie über die Bauprinzipien des heute aktuellen historischen Cembalos informiert. Natürlich gibt es hier eine sehr umfangreiche Spezialliteratur. Ich möchte mich darauf beschränken Ihnen einige, nicht allzu viel Lesezeit abverlangende, dabei aber doch grundlegend informierende Arbeiten der deutschsprachigen Literatur zu nennen.

Empfehlen kann ich Ihnen die beiden Bücher von Hubert Henkel aus Leipzig „Kielinstrumente" und „Beiträge zum historischen Cembalobau". Der erstgenannte Titel informiert über das historische Cembalo anhand der Instrumente des Leipziger Musikinstrumentenmuseums, das zweite Buch gibt Auskunft über Konstruktion und Arbeitsmethoden beim Bau historischer Cembali italienischer, flämischer und deutscher Herkunft.

Eine informative, sehr gut lesbar geschriebene Einführung ist auch das Buch „Cembalo spielen" von Howard Schott, die Übersetzung eines ursprünglich in englischer Sprache erschienenen Werks. Hier wird nicht nur auf die Instrumente eingegangen, sondern auch auf die Cembalomusik und die Technik des Cembalospiels.

Schließlich möchte ich mir erlauben, noch auf zwei Lexika-Artikel von mir hinzuweisen, die ich vor einiger Zeit unter den Stichworten „Cembalo" bzw. Clavichord" für Herders „Großes Lexikon der Musik" geschrieben habe.

Eine immer häufiger auftauchende Kundenfrage, bei der das Fachwissen des Händlers gefordert wird, ist auch die Frage nach historischen, ungleich schwebenden Stimmungen. Das Thema ist interessanter als Sie vielleicht glauben, es ist keinesfalls nur eine Spezialistenfrage für Historiker, sondern eine historische Stimmung bedeutet auch einen unbestreitbaren ästhetischen Reiz bei der Aufführung Alter Musik. Zwei Bücher kann ich Ihnen zur Einführung besonders empfehlen: Einmal das Bändchen von Bernhard Billeter „Anweisung zum Stimmen von Tasteninstrumenten" und zum anderen das Buch von Herbert Anton Kellner „Wie stimme ich mein Cembalo selbst".

Alle genannten Bücher sind über den Verlag „Das Musikinstrument" erhältlich, mit Ausnahme des Bändchens von Bernhard Billeter, das im Merseburger Verlag erschienen ist.

Von nicht zu unterschätzendem praktischem Wert für Ihre Kunden sind im Zusammenhang mit historischen Tasteninstrumenten auch die elektronischen Stimmgeräte, vor allem wenn sie die wichtigsten historischen Temperaturen bereits eingespeichert haben. Dass ein solches Gerät auch eine vorzügliche Argumentationshilfe gegenüber der Angst Ihrer Kunden ist, später selbst zermürbende Stimmübungen anstellen oder finanziell für einen Berufsstimmer bluten zu müssen, ist wohl evident.

So ein Stimmgerät hat aber auch, was nicht immer beachtet wird, Vorteile für Ihr eigenes Fachgeschäft. Sie brauchen nämlich für die Stimmpflege Ihrer Cembali nicht Ihren teuren Konzertstimmer einzusetzen, sondern können durchaus auch einem Auszubildenen mit Aussicht auf Erfolg das Stimmgerät in die Hand drücken.

In diesem Zusammenhang darf ich vielleicht einmal kurz das Vorurteil zurechtrücken, dass ein historisches Tasteninstrument wesentlich mehr Stimmaufwand benötigt als ein Klavier. Für eine Klavierstimmung im Geschäft müssen Sie einen ausgebildeten Stimmer wohl wenigstens eine Stunde einsetzen. Ein Spinett kann man mit dem Stimmgerät in höchstens zwanzig Minuten stimmen. Wenn Sie davon ausgehen, dass ein Spinett dreimal so häufig gestimmt werden muss wie ein Klavier, so ergibt sich für beide Instrumente gleicher Aufwand bei allerdings geringerer erforderlicher Qualifikation des Spinettstimmers.

Ich möchte jetzt noch auf einige Hilfen für Ihre Arbeit eingehen, die Ihnen speziell die Cembalo-Hersteller anbieten. Die folgenden Punkte beschränken sich keineswegs nur auf meine Firma, sondern sind auch mit den Firmen Sassmann und Sperrhake abgesprochen.

Seit einigen Jahren schon bieten wir das bereits vielfach bewährte Reparatur-Set für den Cembalo-Service an. Die Grundidee dabei ist folgende: Jeder Klavier-Außendiensttechniker schleppt reichlich Werkzeuge und Ersatzmaterial mit sich herum. In einer handlichen, leichten Plastikbox sind daher nur diejenigen Werkzeuge und Materialien zusammengestellt, die speziell für Cembali erforderlich sind und sich im Handwerkszeug des Klaviertechnikers sonst nicht finden. Dabei besteht eine Unterteilung in eine Gruppe von Materialien, die für die Cembali aller Hersteller geeignet sind und in eine zweite Gruppe von firmenspezifischen Ersatzteilen, die von den Firmen Neupert, Sassmann und Sperrhake getrennt angeboten werden, aber alle zusammen in derselben Box Platz finden.

Eine bereits von manchen, aber längst nicht genügend Fachhändlern genutzte Möglichkeit ist ferner das Angebot, einen Techniker Ihres Hauses für eine bestimmte Zeit in die Herstellerfirma zu schicken, um ihn in den speziellen Fragen des Cembaloservices ausbilden zu lassen. Ein solches Praktikum, das nach Absprache und Vorbildung zwischen einigen Tagen und einigen Wochen dauern kann, schafft Sicherheit bei Ihrem Techniker und Vertrauen bei Ihren Kunden.

Gern veranstalten wir Hersteller zusammen mit Ihnen auch eine Cembalo-Ausstellung in Ihren eigenen Geschäftsräumen oder in anderen geeigneten Räumlichkeiten Ihrer Heimatstadt. Das läuft wie folgt ab: Der Hersteller bringt Ihnen eine repräsentative Auswahl seiner Instrumente für eine Woche oder für eine Wochenende ins Haus, gibt, falls Sie es wünschen, an einem Eröffnungsabend eine Einführung zu den Instrumenten und stellt auch sonst, falls erforderlich, einen Standbetreuer für die Dauer der Ausstellung ab. Ihre Aufgabe ist die örtliche Vorbereitung und Werbung für die Veranstaltung sowie – was sich stets als das Wichtigste erweist – das Engagieren des örtlichen Cembalo-Prinzipals für ein kleines Eröffnungskonzert.

Eine solche Ausstellung informiert Ihre Kunden umfassend, sie bringt Ihr Geschäft ins Tagesgespräch, sie schafft die von den Werbefachleuten als so vordringlich angesehene „Besucherfrequenz" in Ihren Geschäftsräumen. Auch aus der Sicht der Hersteller haben sich diese Ausstellungen, so aufwendig sie auch zunächst erscheinen mögen, als vorzügliche Langzeitinvestitionen erwiesen.

So eine Cembalo-Veranstaltung kann übrigens auch in Form eines Workshops oder eines Stimmkurses stattfinden. Sie laden dann Ihre Cembalo-Kunden bzw. Interessenten zum Üben einfacher Service-Arbeiten am Cembalo ein oder zum Erlernen der einen oder anderen historischen Stimmung. Instrumente und Dozenten stellt der Hersteller. Die Begeisterung bei den Kursteilnehmern ist dabei erfahrungsgemäß sehr groß. Das Allermindeste, was für Sie selbst dabei herausspringt, ist, dass Sie fast jedem Teilnehmer ein Stimmgerät verkaufen können.

Nicht immer freilich muss der Hersteller zu Ihnen kommen. Manchmal ist auch der umgekehrte Weg zweckmäßig. Wenn Sie beispielsweise einen besonders anspruchsvollen und einflussreichen Kunden haben, dann sollten Sie ihn zu gegebener Zeit in Ihr Auto stecken und mit ihm zum Hersteller fahren. Dort kann auf seine speziellen Fertigungswünsche eingegangen werden. Ein Instrument kann sozusagen für ihn maßgeschneidert werden. Bei einer Betriebsführung sieht er den handwerklichen Ablauf des Instrumentenbaus. Nicht zu vergessen auch, dass so eine gemeinsame Reise eine besondere Festigung der Beziehung Fachhändler – Kunde bedeutet. Die Cembalohersteller bieten Ihnen jedenfalls diese Möglichkeit an – manchmal vielleicht etwas zähneknirschend, da die Betreuung dieser Besuche sehr zeitintensiv ist – im Übrigen aber doch gern Tag und Nacht, sonntags wie feiertags.

Noch ein allerletzter Hinweis für das Verhältnis Cembalohersteller – Fachhändler: Den Cembalobauern ist es – vielleicht als letzter Berufsgruppe überhaupt – vor nunmehr zwei Jahren gelungen, einen eigenen Berufsverband zu gründen, den „Fachverband für historische Tasteninstrumente". Es besteht so nun die Möglichkeit, übergreifende Probleme künftig von Verband zu Verband zu besprechen. Sie sind nicht mehr allein auf den mühseligen Weg der Einzelverständigung mit den Herstellern angewiesen. Aus der konkreten Arbeit des neuen Verbands kann ich Ihnen berichten, dass die Hauptaktivitäten derzeit der Verbesserung der Berufsausbildung der Cembalobauer in Ludwigsburg dienen sowie einem naturwissenschaftlichen Forschungsprogramm über Cembali an der Physikalisch-Technischen Bundesanstalt in Braunschweig.

Lassen Sie mich abschließend hoffen, dass meine Ausführungen Ihnen einen kleinen Überblick über das gegeben haben, was sich bei Ihren Partnern, den Herstellern historischer Tasteninstrumente, derzeit tut. Wir wären froh, wenn Sie die eine oder andere der geschilderten Anregungen aufnehmen wollten. Uns allen ist dabei bewusst, dass das Geschäft mit den historischen Tasteninstrumenten nicht leicht ist. In Anlehnung an Goethes Faust kann man jedoch anfügen „doch wo ihr's packt, da ist es interessant".

Referat, Jahreshauptversammlung des Gesamtverbandes Deutscher Musikfachgeschäfte, Travemünde, 24. Mai 1986

Instrumentenbau-Zeitschrift music international, Jahrg. 40, 1986, S. 437–440.

Die Cembalobauer im Bund Deutscher Klavierbauer

Sie waren von Anfang an dabei im BDK, die Cembalobauer. Das lässt sich in ganz einfacher Weise ablesen aus den Euro-Piano-Heften, die man als publizistisches Zentralorgan des BDK bezeichnen darf.

Schon Heft 1, 1. Jahrgang war im Dezember 1961 ein Schreiben des BDK beigefügt, das mit „Verehrter Herr Kollege" begann. Ein Zeitdokument! Offenbar blieb die heute zu erwartende Anrede „Lieber" damals noch dem privaten Bereich vorbehalten. Die Möglichkeit, evtl. auch Klavierbauerinnen anzusprechen, wurde offensichtlich erst gar nicht ins Kalkül gezogen. Nannette Streicher war schließlich schon über 100 Jahre tot.

Freilich meldete dann schon das Folgeheft in vergnüglicher Missverständlichkeit, dass eine gewisse, aus Japan stammende Frau Sumi Gunji als erste Frau „den deutschen Meistertitel im Klavierbau" errungen habe (wahrscheinlich vor Hertha BSC).

Unterzeichnet ist das Schreiben, in dem die verehrten Kollegen gebeten werden Mitglied im BDK zu werden, von Klaus Fenner als erstem Vorsitzenden sowie – und damit sind wir bei unserem Thema – von Martin Sassmann als stellvertretendem Vorsitzenden, einem Exponenten des Cembalobaus.

Das zeigt, wie eng und selbstverständlich damals die Verbindung von Klavierbauern und Cembalobauern war. Man verstand eben Klavierbau noch ganz im allgemeinen Sinne als Bau von Tasteninstrumenten – sogar den Harmoniumbauern wurde in den ersten Jahren des BDK noch eine gewisse Aufmerksamkeit zuteil.

Themen aus dem Cembalobau spielten bei vielen BDK-Tagungen eine Rolle. Schon bei dem im Frühjahr 1962 in feiner Unterscheidung für „Klavierbauer und Klavierreparateure" ausgelegten Internationalen Ferienkurs in Konstanz war als Programm für den 12. April angekündigt: 8.00 Uhr Andacht – 8.30 Uhr Frühstück – 9.15 Uhr Friedrich Ernst, Berlin: „Der Cembalobau in alter Zeit und die Restaurierung historischer Tasteninstrumente".

Auch bei den BDK-Tagungen der folgenden Jahre gab es immer wieder Referate zu Fragen des Cembalobaus. Schließlich waren die damals führenden Firmen der deutschen Cembalozunft – in gegenläufiger alphabetischer Reihenfolge seien genannt: Zahl, Wittmayer, Sperrhake, Senftleben, Sassmann, Neupert, alle im BDK vertreten.

Am engagiertesten setzte sich von ihnen eindeutig Martin Sassmann für den BDK ein. Wie berichtet, war er ja bereits bei der Gründung des BDK stellvertretender Vorsitzender. 1963 bis 1966 und wieder 1969 bis 1974 hatte er den Vorsitz im BDK inne und auch danach war er noch bis 1988 durchgängig im Vorstand tätig. Die Ehrenmitgliedschaft, die ihm der BDK 1994 verlieh, hatte er sich mehr als redlich verdient.

Der Initiative von Martin Sassmann war es auch zu danken, dass es BDK-Tagungen gab, bei denen das Cembalo ganz im Mittelpunkt stand und auf denen die Cembalobauer im BDK gemeinsam als Referenten auftraten. Erinnert sei hier an die Tagungen 1971 in Wiesbaden, 1978 in Engenhan/Taunus und 1983 in Remscheid.

Kurz nach der Wende (und kurz vor seiner Auflösung) nahm auch das östliche Pendant zum BDK, der „Klavierfachverband der DDR" dieses Konzept auf und veranstaltete 1990 in Heiligengrabe ein großangelegtes erstes gesamtdeutsches Seminar, auf dem sich die Klavierbauer aus Ost und West nicht nur kennenlernen, sondern auch mit den Servicearbeiten am Cembalo vertraut machen konnten.

Viele schöne Erinnerungen sind für uns Cembalobauer mit diesen Tagungen verbunden. War es doch jeweils ein überraschendes, das berufliche Selbstverständnis stärkendes Erlebnis, zu beobachten, wie die Klavierbauer, die doch alle handwerklich hoch qualifiziert waren und alle arbeitstechnischen Feinheiten an etwas so Kompliziertem wie einer modernen Klavier- oder Flügelmechanik beherrschten, sich mit Aufgeschlossenheit und Eifer den für Cembalobauer vergleichsweise simplen Routinearbeiten wie dem Ersetzen von Kielen oder dem Zwirbeln von Zopfösen widmeten.

Aber für dieses Interesse sollte man allen Klavierbauern an dieser Stelle einmal ganz besonders danken. Denn sie allein sind es, die landauf landab in den Konzertsälen, Hochschulen und Opernhäusern die Cembali für den Alltagsbetrieb in Ordnung halten. Oft zu unmöglicher Zeit und noch öfter „fünf Minuten vor Konzertbeginn" unter schier unzumutbarem Zeitstress. Ohne ihre, sich fast im Unsichtbaren vollziehende Kärrnerarbeit wäre das Cembalo im modernen Konzertleben gar nicht denkbar.

Die Gedanken schweifen auch deshalb gern zurück zu diesen Treffen, weil es jedes Mal eine Freude war zu erleben, wie kollegial und kameradschaftlich man im BDK – ganz im Gegensatz zu anderen Verbänden – miteinander umging. Da wurde nicht nur fachlich diskutiert und probiert, sondern man traf sich auch zum gemeinsamen Musizieren und abends konnte es sehr spät werden bei einem zünftigen Skat.

Wer das alles noch genauer wissen will, dem steht eine in ihrer Kompetenz nicht überbietbare Quelle zur Verfügung: Klavier- und Cembalobaumeister Josef Meingast, bekanntlich seit vielen Jahren im Vorstand des BDK tätig, hat wohl als einziger lebender Zeuge an die 50 Jahre lang fast alle Themen des Cembalobaus auf den BDK-Tagungen selbst aktiv mitgestaltet. Das wird wohl für künftige Generationen ein schwer erreichbarer Rekord bleiben.

Es war – und auch das kann hier nicht verschwiegen werden – freilich nicht alles Sonnenschein im Verhältnis der Cembalobauer zum BDK. Aber daran waren nicht die Klavierbauer schuld, sondern der Umbruch im Verständnis des Cembalobaus seit der Mitte der 60er Jahre. Waren die Cembali des 20. Jahrhunderts bis dahin von Klavierbauern – nicht etwa in Selbstherrlichkeit, sondern unter den Vorgaben der Musiker und des Zeitgeschmacks – entworfene und vom Klavierbau beeinflusste „Rastencembali", so wandte sich von da ab das Interesse unter dem Schlagwort „Kopien" mehr und mehr Nachbauten („Kastencembali") erhaltener historischer Cembali zu. Das erste heftige Aufeinanderprallen beider Schulen gab es auf dem Europiano-Kongress 1965 in Berlin als Hanns Neupert und Rainer Schütze in ihren Referaten zum Cembalobau Positionen bezogen, wie sie gegensätzlicher nicht hätten sein können.

Der musikalische Zeitgeschmack, die „Originalklangbewegung" hat sich in den folgenden Jahrzehnten, wie Sie wissen, den „Kopien" zugewandt. Für Cembalowerkstätten wie die oben erwähnten Namen wäre das kein prinzipielles Problem gewesen, denn die fachliche Kompetenz war allemal da, diese bautechnische und klangästhetische Umstellung erfolgreich zu bewältigen. Aber die neuauftauchenden „historischen Cembalobauer" – vielfach Quereinsteiger ohne vergleichbare handwerkliche Ausbildung, dafür aber ideologisch hoch gerüstet – mussten sich natürlich erst einmal am Markt profilieren und das taten sie in schamloser Weise, indem sie die Cembalobauer, die mit ihrer Arbeit das Cembalo seit über einem halben Jahrhundert überhaupt erst wieder in das musikalische Bewusstsein und das Konzertleben zurückgebracht hatten, als Verfertiger seelenloser, angeblich fließbandproduzierter „Fabrikcembali" schmähten, denen man das vom Einzelbauer als Universalgenie gefertigte „Meistercembalo" entgegensetzte, auch wenn letzteres zumindest in den Anfangsjahren kaum ein Konzert ohne zwischenzeitliche technische Nothilfe überstand.

Den „gestandenen" Cembalobauern – keiner von ihnen baute nach einem arbeitsteiligeren Prinzip als es die als Maß aller Dinge geltende Cembalobauerdynastie der Ruckers im Antwerpen des 16. Und 17. Jahrhunderts getan hatte – fehlte damals leider ein eloquentes Sprachrohr, das ihre Interessen in der Öffentlichkeit entsprechend vertreten hätte und so blieb die Prägung der öffentlichen Meinung den „Kopierern" überlassen. Für Verbandsarbeit war diese Gruppe überhaupt nicht zu haben. Ihre Weltanschauung war es, individuelle Künstler zu bleiben. Den Umgang mit Klavierbauern scheuten sie wie der Teufel das Weihwasser.

Was man hätte erreichen können, wenn man Friedrich Schillers Motto „Vereint sind auch die Schwachen mächtig" beherzt hätte, zeigten die im BDK verbliebenen Cembalobauer, als sie sich 1983 im „Fachverband historische Tasteninstrumente" noch enger zusammenschlossen und damit die Zuweisung beträchtlicher öffentlicher Mittel erreichten, mit denen an der Physikalisch-Technischen Bundesanstalt Braunschweig ein umfangreiches Forschungsprogramm zur Akustik des Cembalos erfolgreich durchgeführt werden konnte.

Besonders krass standen sich die unterschiedlichen Vorstellungen gegenüber, als es um das amtliche Berufsbild Cembalobauer und um die Ausbildung der Cembalobauer an der Fachschule in Ludwigsburg ging. Vor allem Rainer Schütze exponierte sich bis an die Grenze des Hinnehmbaren in seinem Kampf gegen die klavierbauerischen Elemente in der Ausbildung der künftigen Cembalobauer. Dass eine gute handwerkliche Ausbildung Voraussetzung für eine erfolgreiches Berufsleben ist, aber noch keine Entscheidung darüber, welcher Baurichtung man sich später zuwendet, war ihm nicht zu vermitteln.

Leider haben sich bis heute die Reihen der Cembalohersteller im BDK gelichtet. Geblieben sind die Firmen Sassmann und Neupert. Sie finden ihre Aufgabe im BDK wie eh und je in der ergänzenden Ausbildung des Klavierbauers, die ihn in die Lage versetzt, ein Cembalo fachgerecht zu warten sowie in der Stellungnahme zu aktuellen Fragen ihres Fachgebiets.

So seien dem BDK Glückwunsch, Dank und Anerkennung ausgesprochen zu seinem 50-jährigen Jubiläum, auch wenn die vorliegenden Unterlagen in Wort und Bild dokumentieren, dass der BDK eigentlich erst am 26. Oktober 1958 im Physiksaal der Fachschule Ludwigsburg gegründet wurde. Egal. Irgendwann wird der BDK 50. Und hoffentlich noch viel älter!

Festschrift 50 Jahre Bund Deutscher Klavierbauer, 2008, S. 77–86.

Acht Schritte, ein Cembalo spielfähig zu machen

Die Situation ist bekannt. Kurz vor Beginn eines Konzerts wird der ortsansässige Stimmer auf die Bühne gerufen. Er soll in meist atemberaubend kurz bemessener Zeit das dort stehende Cembalo spielfertig machen. Der folgende Artikel will ihm dabei ein systematisches Vorgehen erleichtern. Eine stichwortartige Tabelle am Ende des Artikels – als Photokopie mit in die Werkzeugtasche genommen – mag als Gedächtnisstütze dienen, damit man in der Hektik „vor Ort" nichts Wesentliches vergisst. Da in den meisten Fällen die vorgegebene Zeit nicht ausreichen wird, das ganze Check-Programm durchzugehen, sind die einzelnen Arbeitsgänge dort nach dem Grad ihrer Dringlichkeit mit Sternchen gekennzeichnet.

Das Vorgehen ist an einem zweimanualigen Neupert-Cembalo in historischer Bauweise mit der „klassischen" Disposition Untermanual $8_1'$, $4'$; Obermanual $8_2'$ orientiert. In sinngemäßer Abwandlung lassen sich die angegebenen Arbeitsgänge jedoch ebenso auf Cembali anderer Hersteller bzw. Disposition übertragen.

1. Chromatisches Durchspielen der Einzelregister

Man spiele die einzelnen Register des Cembalos langsam in chromatischer Tonfolge durch. Hierbei bekommt man erst einmal einen Gesamteindruck vom Zustand des Instruments. Schon während des Durchspielens lässt sich der zu bewältigende Arbeitsaufwand abschätzen, was vordringlich oder besonders zeitaufwendig sein wird, wie man sich die insgesamt verfügbare Zeit am besten einteilt.

Es ist klar, dass man nach diesem Durchspiel zunächst die groben Mängel wie fehlende Saiten, hängende Tasten, abgebrochene Kiele, nicht funktionsfähige Züge beheben wird. Darauf soll hier nicht näher eingegangen werden. Behandelt werden sollen vielmehr gerade diejenigen Defekte, die an einem vordergründig in Ordnung erscheinenden Cembalo auftreten können und die dem Musiker dann im Konzert das Leben schwer machen.

2. Einstellen der Registerlautstärke

Entspricht die Lautstärke des Instruments dem, was das Cembalo „hergeben"
könnte? Stimmt das Lautstärkeverhältnis der einzelnen Register untereinander?

Die Einstellung der Lautstärke eines Registers geschieht mittels einer Pilote
(„Einrückpilote") am Ende des zugehörigen Springerrechens. Man findet sie an
demjenigen Ende des Springerrechens (meist unter einer Zierleiste verborgen),
in das die Kiele der zugehörigen Springer zeigen. Rechtsdrehung dieser Pilote
macht das Register lauter, Linksdrehung macht es leiser.

Die „richtige" Lautstärke eines Cembaloregisters zu erkennen, erfordert
natürlich viel Erfahrung und ist bis zu einem gewissen Grade auch eine Frage des
persönlichen Geschmacks. In aller Regel wird man das 8'-Register des Untermanuals relativ am stärksten einstellen. Das 4'-Register soll lediglich in der Kopplung mit dem 8'-Register eine Aufhellung des Klangs bewirken, nicht aber die
Lautstärke eines selbstständigen Registers haben. Der 8' des Obermanuals kann
– beides hat seine Anhänger – entweder gleichberechtigt zum 8' des Untermanuals oder als „Echo-Register" wesentlich zarter intoniert werden. Es empfiehlt sich
daher, vor einer Änderung der Lautstärkeeinstellung mit dem konzertierenden
Künstler Rücksprache zu nehmen.

3. Einzelabgleich der Lautstärke

Zum Abgleich der Lautstärke des Einzeltons dient die Regulierschraube im Kopf
des zugehörigen Springers. Linksdrehung dieser Schraube macht den Ton lauter,
Rechtsdrehung macht ihn leiser.

Hat man so die Lautstärke innerhalb eines einzelnen Registers egalisiert, wird
man bemerken, dass nicht alle Kiele in gleicher Länge unter die Saiten greifen.
Dieses Untergreifen der Kiele soll im Bass ca. $1^{1/2}$ Saitenstärken, im Diskant 2-$2^{1/2}$
Saitenstärken betragen.

Greift ein Kiel nicht weit genug unter die Saite, so muss man ihn mit dem
Skalpell schwächer schneiden und dann über die Regulierschraube nachstellen.
Greift der Kiel zu weit unter, so hilft ein entsprechendes Kürzen des Kiels. Es
kann allerdings auch sein, dass ein solcher Kiel bereits insgesamt zu schwach ist
und erneuert werden muss.

4. Prüfen auf „Mitspieler"

Eine nach diesen Vorarbeiten meist sehr schnell zu erledigende Aufgabe ist das
Prüfen auf eventuelle „Mitspieler". Man schaltet hierzu alle Register aus und
spielt dann die stumme Klaviatur des Cembalos chromatisch durch. Bei denjenigen Tasten, bei denen trotzdem ein Ton zu hören ist („Mitspieler"), ist der
zugehörige Kiel zu lang und muss entsprechend gekürzt werden.

Sollten in einem Register sehr viele „Mitspieler" auftreten, schaltet es nicht weit genug aus. In diesem Fall muss man die Stellpilote („Ausrückpilote") an dem der Zupfrichtung entgegengesetzten Ende des Springerrechens etwas nach rechts drehen und damit den Ausschaltweg des Registers vergrößern. Natürlich darf der Ausschaltweg nur so weit vergrößert werden, dass in ausgeschaltetem Zustand die Springer nicht mit den Nachbarsaiten in Berührung kommen.

5. Einstellen der „Spieltiefe"

Wichtig für die angenehme Spielart eines Cembalos ist die richtige Einstellung des Tastengangs, der sogenannten Spieltiefe. Der optimale Wert dieser Spieltiefe variiert natürlich von Cembalotyp zu Cembalotyp infolge der unterschiedlichen Tastenhebelverhältnisse. Für das oben erwähnte zweimanualige Cembalo soll der Tastengang 8 mm im Untermanual und 6,5 mm im Obermanual betragen. Im Bassbereich können diese Werte wegen der größeren Saitenauslenkung um etwa 1 mm überschritten werden.

Die Einstellung der Spieltiefe erfolgt bei Neupert-Cembali mittels der quer über die Hintertasten verlaufenden, höhenverstellbaren „Druckleiste". Manche Hersteller verzichten auf diese Leiste. Die Einstellung des Tastengangs erfolgt dann indirekt über die das Hochsteigen der Springer begrenzende „Springerleiste". Eine Veränderung der Spieltiefe erreicht man hier durch Höhenversetzung der Springerleiste oder durch Änderung der Polsterstärke auf deren Unterseite.

6. Einregulieren des „Zusammenspiels"

Spielart und klangliche Wirkung eines mehrregistrigen Cembalos hängen wesentlich von der Einregulierung des sogenannten Zusammenspiels ab. Man versteht darunter die Reihenfolge und den zeitlichen Abstand, in dem bei „Vollem Werk" und langsamem Niederdrücken einer Taste die Saiten der einzelnen Register angezupft werden.

Keinesfalls dürfen alle einer Taste zugehörigen Kiele die entsprechenden Saiten zum genau gleichen Zeitpunkt anreißen. Schwere Spielart und harter Klang wären die Folge.

Dem Nacheinander der einzelnen Register sind allerdings instrumentenbedingte Grenzen gesetzt: Der Kiel des beim Niederdrücken der Taste zuerst anzupfenden Registers kann höchstens so knapp unter die Saite gestellt werden, dass er beim Loslassen der Taste noch sicher unter die Taste zurückgleitet und der Dämpfer noch auf der Saite aufsitzt. Andererseits darf der Kiel des zuletzt anzupfenden Registers höchstens so weit unterhalb der Saite stehen, dass er die Saite noch anreißt, bevor das Ende des Tastengangs erreicht ist.

Ideal einreguliert ist das „Zusammenspiel", wenn bei weichestem Anschlag des Musizierenden das Nacheinander der einzelnen Register gerade noch einen verschmelzenden Klang, also keine auseinanderfallende Einzeltöne ergibt.

Als Zupfreihenfolge hat sich allgemein die Folge 4', 8'-Untermanual, 8'-Obermanual durchgesetzt. Einreguliert wird das „Zusammenspiel" über die Pilote am unteren Ende des Springerschafts. Herausdrehen führt zu einem früheren Anreißen der Saite vice versa. Zur Prüfung des „Zusammenspiels" drücke man die Taste extrem langsam mit dem Daumen nieder und bilde mit dem Zeigefinger unter der Taste ein die Niederdrückgeschwindigkeit bremsendes „Gegenlager".

7. „Einfallen" der Springer prüfen

Ein äußerst effektiver Arbeitsgang, um zunächst verborgene Defekte an einem Cembalo zu finden, ist das Prüfen auf Einfallen der Springer. Hier lässt sich über einen sehr einfachen Arbeitsvorgang eine Vielzahl unterschiedlicher Mängel aufdecken.

Man nehme eine Leiste, deren Länge der Klaviaturbreite entspricht. Mit der Leiste drücke man für jedes Register einzeln zunächst die Untertasten, danach die Obertasten alle gemeinsam nieder und lasse sie nach Ausklingen der Saiten extrem langsam wieder hochkommen. (Als Leiste kann dabei die Deckelstütze des Instruments dienen, soweit sie nicht befestigt ist. Man kann sich aber auch, falls keine Leiste verfügbar, mit der flachen Hand helfen, freilich lässt sich dann jeweils nur ein Teil der Tasten gleichzeitig niederdrücken.) Dann nehme man die Leiste weg und spiele die Klaviatur chromatisch durch. Bei all jenen Springern, bei denen einer der unten beschriebenen Defekte auftritt, wird jetzt der Ton wegbleiben. Die entsprechenden Springer zieht man heraus zur Untersuchung auf die nachfolgend in der Reihenfolge ihrer wahrscheinlichen Häufigkeit aufgezählten Störungsursachen:

Die Feder, welche die Springerzunge (= Kielträger) in ihrer Ruhestellung hält, hat nicht die richtige Federkraft. Man macht sie stärker bzw. schwächer, indem man sie zur Springerzunge hin- oder von ihr weg biegt. Wie stark die Federwirkung zu sein hat, kann man an einem richtig justierten Nachbarspringer überprüfen. Ist die Feder zu stark, kann der Kiel beim langsamen Loslassen der Taste nicht unter die Saite zurückgleiten. Ob die Feder zu schwach ist, testet man, indem man den Springer waagrecht mit nach oben zeigendem Kiel hält. Die Feder muss jetzt mindestens noch so stark sein, dass sie die Zunge gegen die Schwerkraft in der Ruhestellung halten kann.

Meist unter dem Einfluss zu hoher Luftfeuchtigkeit kann es zum „Hängen" der Springerzungen kommen. Man muss in diesem Fall die Zungen ausachsen und ihre Achslöcher etwas aufreiben oder – falls die Zunge am Springerschaft streift – seitlich etwas von der Springerzunge wegnehmen.

Der Ausschlag der Springerzunge wird durch ein am Springerschaft befestigtes Bändchen begrenzt. Es kann vorkommen, vor allem nachdem man ein Register stärker eingestellt hat, dass dieses Bändchen der Zunge nicht mehr genügend Weg lässt, um den Kiel wieder unter die Saite gleiten zu lassen. Man hilft sich durch Versetzen des bisherigen oder durch Anbringen eines neuen, längeren Bändchens. Ist man in großer Eile, kann man das Bändchen auch um der Funktionstüchtigkeit des Springers willen erst einmal ganz entfernen und zu einem späteren Zeitpunkt geeignet ersetzen.

Beim Einregulieren des „Zusammenspiels" (s. Punkt 6) kann man versehentlich die Stellpilote am unteren Springerende zu weit herausgedreht haben, so dass der Kiel nun nicht mehr unter die Saite zurückfallen kann. Die Abhilfe ist evident.

Möglicherweise ist der am Springerschaft befestigte Dämpfer zu tief gerutscht, so dass zwischen Kieloberseite und Dämpferunterseite der erforderliche Mindestabstand von einer Saitenstärke nicht mehr gegeben ist. Hier muss der Dämpfer wieder in die richtige Position gebracht und dort befestigt werden. Sinngemäß ist zu verfahren, wenn der Dämpfer zu hoch gerutscht ist und die zugehörige Saite nicht mehr zuverlässig abgedämpft wird.

Durch fehlerhafte Bearbeitung oder Verschleiß des Kielmaterials kann sich an der Kielspitze eine Unebenheit, eine „Nase", gebildet haben, die zu einem Hängenbleiben des Kiels auf der Saite führt. Ein Glätten der Kielunterseite oder ein „Anschneiden" der Kielspitze mit dem Skalpell schafft hier schnell und wirksam Abhilfe.

Es kann sein, dass der Springer in seiner Führung im Springerrechen steckt. Meist ist hier allzu große Feuchtigkeit die Ursache. Sie macht ein leichtes Nachfeilen des Führungsloches im Springerrechen erforderlich. Bei diesem Arbeitsgang ist allerdings größte Vorsicht angebracht, damit später bei trockeneren Verhältnissen die Springer nicht zu viel Spiel in ihrer Führung haben. Gelegentlich kommt es auch vor, dass der Grund für das Stecken eine seitlich am Springerschaft hervorstehende Zungenachse ist. Auch hier ist die Abhilfe nach der Erkenntnis der Ursache selbstverständlich.

8. Stimmen

Erläuterungen zum Stimmvorgang können nicht Aufgabe dieses Artikels sein. Sonst meist mit Klavieren und Flügeln befasste Stimmer seien aber auf einige Besonderheiten hingewiesen:

Es genügt nicht, sich bei einem Cembalo-Kunden nach der gewünschten Stimmhöhe zu erkundigen. Vielmehr muss man auch klären, ob der Kunde eine gleichschwebende oder eine ungleichschwebende Temperatur wünscht. Unter den ungleichschwebenden Temperaturen sollte ein Stimmer mindestens diejenigen von Werckmeister III (1691) und Kirnberger III (1779) legen können. Diese beiden „Wolf"-freien Temperaturen sind untereinander sehr verwandt – ja der Hörer im Konzertsaal wird sie wohl kaum voneinander unterscheiden können. Da sie im Abstand von nahezu einem Jahrhundert entwickelt wurden, sind sie als authentische Stimmungen für einen Großteil der Musik des Barocks und der Frühklassik geeignet.

Vor Stimmbeginn überzeuge man sich, dass die meist vorhandene Transponiervorrichtung sich in der richtigen Stellung befindet. Dabei ist die Gefahr weniger groß, ein Cembalo versehentlich einen halben Ton höherzuziehen. Da dürfte wohl jeder Stimmer stutzig werden, bevor er seine Arbeit fortsetzt. Viel häufiger kommt es vor, dass eine ungleichmäßig schwebende Temperatur nicht in der späteren Spielstellung der Transponiervorrichtung gelegt wird. Das macht die sauberste Stimmarbeit wertlos.

Sind an einem Cembalo die vorgenannten Arbeitsgänge sorgfältig ausgeführt, kann man es getrost dem Musiker für sein Konzert anvertrauen. Freilich vergesse man nicht, aus Zeitgründen übergangene Arbeitsgänge bei nächster Gelegenheit nachzuholen.

Tabelle zu „Acht Schritte, ein Cembalo spielfähig zu machen"	
Arbeitsgang	Kurzerläuterung
1.[xx] Chromatisches Durchspielen der Einzelregister	Abschätzen des Zeit- und Arbeitsaufwands. Behebung grober Mängel wie fehlende Saiten, abgebrochene Kiele, hängende Tasten etc.
2. Einstellen der Registerlautstärke	Einstellen der Gesamtlautstärke und des Lautstärkeverhältnisses der Eizelregister mittels „Einrückpilote"
3.[x] Einzelabgleich der Lautstärke	Egalisieren der Lautstärke innerhalb eines Registers mittels der Regulierschraube im Springerkopf bzw. Nachschneiden der Kiele
4. Prüfen auf „Mitspieler"	Feststellen und Kürzen zu langer Kiele bzw. Einstellen des Springerrechens mittels „Ausrückpilote"
5. Einstellen der „Spieltiefe"	Tastengang einregulieren durch Einstellen der „Druckleiste" oder der Springerleiste. Untermanual: 8 mm, Obermanual: 6,5 mm
6. Einregulieren des „Zusammenspiels"	Anzupfreihenfolge bei „Vollem Werk" einjustieren über Stellpilote am Springerfuß. Reihenfolge: 4', 8'-Untermanual, 8'-Obermanual
7.[x] „Einfallen" der Springer prüfen	Feststellen und Beheben div. Defekte am Einzelspringer wie falsche Federstärke, hängende Zunge, zu wenig „Bändchen-Luft", zu langer Springer, verrutschter Dämpfer, Kiel-„Nase", hängender Springer
8.[xx] Stimmen	Stimmhöhe, Temperatur, Transponiervorrichtung beachten
[xx] = unverzichtbarer Arbeitsgang [x] = besonders wichtiger Arbeitsgang	

europiano, Jahrg. 30, H. 1, 1990, S. 4–12

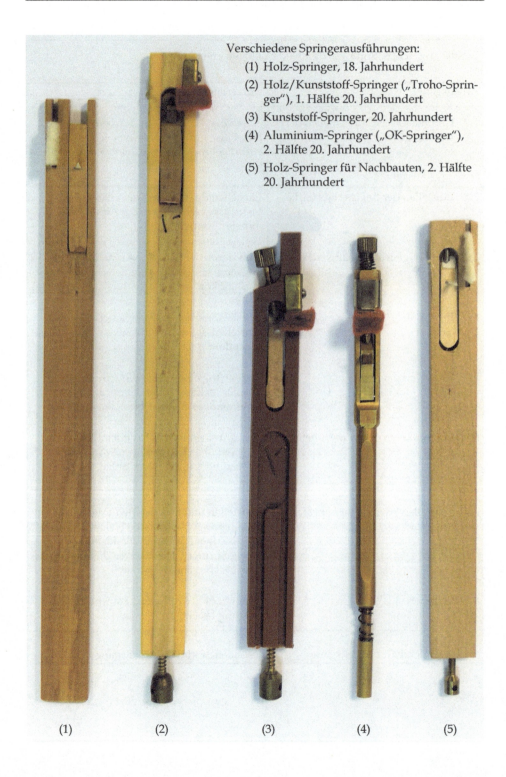

Verschiedene Springerausführungen:

    (1) Holz-Springer, 18. Jahrhundert

    (2) Holz/Kunststoff-Springer („Troho-Springer"), 1. Hälfte 20. Jahrhundert

    (3) Kunststoff-Springer, 20. Jahrhundert

    (4) Aluminium-Springer („OK-Springer"), 2. Hälfte 20. Jahrhundert

    (5) Holz-Springer für Nachbauten, 2. Hälfte 20. Jahrhundert

   (1)   (2)   (3)   (4)   (5)

Das Cembalo und seine Springer

Der Springer ist zweifellos das typischste und wichtigste Bauelement einer Cembalomechanik. Seine Ausformung war in der Blütezeit des Cembalos im 16. bis 18. Jahrhundert von bewundernswerter Einfachheit, hat jedoch nach der Wiedererweckung des Cembalos im 20. Jahrhundert verschiedene Bauformen sowie technische Verfeinerungen erfahren.

Der Springer aus der Frühzeit des Cembalos war eine schlichtes Holzstäbchen, meist aus Birnbaum oder Elsbeere gefertigt, mit einem rechteckigen Querschnitt von beispielhaft 13 x 4 mm. In einem Ausschnitt an seinem oberen Ende war eine bewegliche Zunge, der ca. 4 mm breite „Kielträger", eingeachst. In einem weiteren, von oben geführtem Einschnitt in den Springer wurde ein ca. 1 mm starkes Tuch, der sog. Fahnendämpfer befestigt.

Eine Drehbeweglichkeit der Zunge ist erforderlich, damit das an ihr befestigte Plektrum nach Anreißen der Saite wieder unter die Saite zurückfallen kann. Um sicherzustellen, dass die Zunge anschließend wieder in die Ausgangsstellung zurückkehrt, ist am Springer zusätzlich eine Feder – einst meist eine Schweinsborste – angebracht, welche die Zunge nach dem Rückfall wieder in ihre Ausgangsstellung drückt.

In dieser einfachen Ausführung war der Springer leicht herzustellen und erfüllte überdies alle an ihn gestellten funktionalen Anforderungen. Problematisch wurde es nur, wenn Regulier- oder Intonierarbeiten erforderlich wurden, es also den Abstand des Plektrums von der Saite oder den Untergriff des Plektrums unter die Saite einzustellen galt. Es gab ja am historischen Springer hierzu keinerlei Justierschrauben. Eine Schraube war im vorindustriellen Zeitalter ein handwerkliches Kunstwerk, das mühsam einzeln von Hand angefertigt werden musste. Entsprechend versuchte man, wenn immer möglich, den Einsatz von Schrauben zu vermeiden.

Um die erwähnten Regulierarbeiten auszuführen war es daher nötig, bei jedem Springer am unteren Ende Papierchen verschiedener Stärke aufzukleben, bis der gewünschte Abstand des Plektrums zur Saite, die richtige „Schnabelluft" erreicht war. Umgekehrt musste der Springer bei zu geringem Abstand an seinem unteren Ende auf Maß gefeilt werden.

In gleicher Weise war am Auflagepunkt der Springerzunge auf den Springer zu verfahren, um bei der Intonation des Instruments den richtigen Untergriff des Plektrums unter die Saite zu erreichen, soweit man dieses Ziel nicht durch Schneiden des Plektrums erreichen konnte.

Bedenkt man noch, dass die reine Holzkonstruktion eines Cembalos sich unter den Schwankungen von Temperatur und Luftfeuchtigkeit in ihrem Regulierungszustand ständig verändert, kann man sich vorstellen, welch zeitaufwendige und Geduld erfordernde Angelegenheit das Einregulieren und Intonieren des Cembalos jeweils war.

Es ist somit einleuchtend, dass man bei der Renaissance des Cembalos im 20. Jahrhundert die Springer mit Regulierschrauben versah, die den Arbeitsaufwand drastisch verringerten. An der Unterkante des Springers verwendete man hierzu eine Messingpilote, mittels der man durch einfache Drehung die „Schnabelluft" auf das Genaueste einregulieren konnte. Eine Madenschraube im Springer erfüllte die gleiche Aufgabe am Auflagepunkt der Springerzunge auf den Springer für den gewünschten Untergriff des Plektrums unter die Saite. Auch bei der am Springer angebrachten Dämpfung begnügte man sich nicht mehr mit der simplen Fahnendämpfung, sondern konstruierte – fortschrittsgläubig wie man war – ein am Springer befestigtes, höhenverstellbares Dämpferblech, auf das ein breitflächiger Dämpferfilz aufgebracht war. Das führte beim Loslassen der Taste nun zu einer exakten, sofortigen Abdämpfung des Cembalotons. Man verschenkte jedoch damit – ohne sich dessen in der Anfangsphase bewusst zu sein - den Reiz, den die zarter wirksame Fahnendämpfung für einen weicheren, gesanglicheren Cembaloklang mit sich bringt.

Schließlich hatte auch die sich als hygroskopisch empfindlich erweisende Schweinsborste als Zungenfeder ausgedient. Sie wurde durch einen auf die Rückseite der Springerzunge wirkenden Federdraht ersetzt.

Eine sinnvolle neue Maßnahme war es, am Springer oben ein „Repetierbändchen" anzubringen, das den Ausschlag der Springerzunge beim Anreißvorgang der Saite begrenzt. Es brachte zwei Vorteile: Zum einen bewirkte es eine kürzere Zeit bis zur Rückkehr der Zunge in die Ausgangsstellung und eröffnete damit eine schnellere Repetitionsmöglichkeit des Tons. Zum anderen verhinderte es dank seiner begrenzenden Wirkung auf den Zungenausschlag, dass die Zunge fatalerweise unter die Nachbarsaite gerät, wie es bis dahin gelegentlich vorkam und stets zu einer unliebsamen Unterbrechung des Cembalospiels führte.

Verständlicherweise bestand auch – dem Zeitgeist geschuldet – eine gewisse Skepsis gegenüber dem Naturprodukt Holz des Springers. Man glaubte eventuellem „Arbeiten" des Holzes begegnen zu können, indem man an der linken und rechten Kante des Springers Kunststoffbahnen aufleimte. Aus diesem Kunststoff mit dem Namen Trolon entstand in der Verbindung mit dem Namen Holz die Bezeichnung „Troho-Springer". Es dauerte Jahre, bis man bemerkte, dass das unterschiedliche Langzeitverhalten von Holz und Kunststoff dazu führte, dass in vielen Fällen der Holzspringer an seinem unteren Ende aufriss, sich die Kunststoffbahnen aufbogen, der Springer mithin untauglich wurde.

Was war die fortschrittsgläubige Folge: Ein als Spritzgussteil hergestellter, kompletter Kunststoff-Springer. Dass der Springer dank all dieser „Verbesserungen" schwerer wurde und zu einer keineswegs angenehmen, schwereren Spielart des Cembalos führte, wurde stillschweigend in Kauf genommen.

Noch sicherer als mit einem Kunststoff-Springer wähnte man sich aber mit einem Metall-Springer. So erfand im Jahre 1949 Reinhold Neupert in Nürnberg einen aus eloxiertem Aluminium gefertigten Springer (Patent BRD 836272) mit rundem Querschnitt und 5 mm Durchmesser. Man brauchte jetzt keine eigene Pilote und Madenschraube mehr, sie waren als Hülse mit einem Schraubgewinde am unteren Teil des Springers ausgebildet bzw. als Rändelschraube am oberen Springerende von Hand drehbar, sodass man den Springer zum Justieren nicht einmal mehr aus dem Springerkasten herausnehmen musste. Dieser Springer lief im Springerkasten absolut geräuschlos in einem passgenauen Kunststoffring, war nicht schwerer als ein Kunststoff-Springer und schien somit der Weisheit letzter Schluss zu sein. Er bekam daher auch den Namen „OK-Springer", wobei „OK" für „Ohne Komplikation" stand. Auch hier bemerkte man erst Jahre später einen zunächst nicht beachteten Nachteil, der letztendlich doch den einfachen Holzspringer des 18. Jahrhunderts als Sieger sah. Jetzt zeigte sich, dass die Cembalobauer früherer Jahrhunderte keineswegs schlampig gearbeitet hatten, wenn sie den Springern in den Springerkästen seitlich – also in der Richtung parallel zu den Saiten - reichlich Spiel gelassen hatten. Beim Anschlag führt das Tastenende, auf dem der Springer aufsteht, nämlich keinen rein senkrechten Aufstieg aus, sondern folgt vielmehr einer Kreisbewegung, die neben der vertikalen auch eine kleine, aber entscheidende horizontale Komponente aufweist. Das seitliche Spiel des Springers im Rechen erlaubt nun dem Springer die der horizontalen Komponente geschuldete Bewegung als leichtes seitliches Kippen mitzuvollziehen. Aber wie verhält sich das bei dem hochpräzise, ohne jedes Spiel geführten OK-Springer? Er kann die horizontale Bewegungskomponente nicht mitvollziehen, was dazu führt, dass sein unteres Ende auf der Taste bzw. deren Garnierung entlang schrammt. Das führt im Laufe der Zeit dazu, dass sich der Springer in die Garnierung der Hintertaste eingräbt. Ein zähes Spielgefühl ist die unangenehme Folge. So hatte auch der Metallspringer mit einem Minus zu kämpfen, das ihn für hohe Ansprüche im Cembalobau disqualifizierte.

Erwähnenswert erscheinen aus der großen Anzahl mehr oder weniger relevanten „Verbesserungs"-Versuche am Cembalo-Springer noch zwei Varianten. Bei der ersten stellte sich die Firma Wittmayer, Wolfratshausen, die Aufgabe, das Rückfallgeräusch beim Rückgleiten des Plektrums unter die Saite zu verhindern. Hierzu wurde am Springer ein kompliziertes System von Federdrähten angebracht – wie es vor Wittmayer in den 1920er-Jahren schon der Münchner Cembalobauer Karl Maendler eingesetzt hatte – mittels dessen man das Plektrum beim Rückfall ohne Berührung an der Saite vorbeileiten konnte. So respektabel die Bemühung war, standen ihrer allgemeinen Durchsetzung doch zwei Gründe entgegen: Zum einen störten sich die Cembalisten gar nicht an dem Rückfallgeräusch, es gehörte für sie zum Cembaloklang wie etwa das „Spucken" zu den Orgelpfeifen. Zum anderen war der Federmechanismus alles andere als servicefreundlich. Es bedurfte gegebenenfalls großen Geschicks und langmütiger Geduld, diese Springer aus dem Springerkasten herauszuziehen und anschließend wieder einzusetzen, gleichzeitig aber auch noch die richtige Federkraft der einzelnen Drähte zu gewährleisten.

Der zweite „Verbesserungs"-Versuch rührte an die Grundlagen des Cembalospiels. Bekanntlich besteht ja der entscheidende Unterschied zwischen Kielinstrumenten und Hammerinstrumenten darin, dass bei den Kielinstrumenten die Klangstärke so gut wie unabhängig ist von der Anschlagstärke. Es war schon immer eine Herausforderung für die Cembalobauer gewesen, diesen „Nachteil" des Cembalos zu überwinden. Der schon erwähnte Karl Maendler verwirklichte dieses Ziel mit der Springer-Mechanik seines „Bach-Flügels" aus dem Jahre 1923. Mittels einer keilförmigen Standfläche für den Springer auf der Hintertaste und zwei am Springer angebrachten Drahtfedern (DRP 393967) bewirkte er, dass das Plektrum je nach Anschlagsgeschwindigkeit der Taste mehr oder weniger weit unter die Saite griff und ein entsprechend leiserer oder lauterer Klang resultierte.

Ende der 50er-Jahre bot ein Schweizer Ingenieur eine den gleichen Effekt erzielende Springer-Mechanik der Firma Neupert in Bamberg an. Hanns Neupert startete daraufhin eine Rundfrage bei den führenden Cembalisten und Musikwissenschaftlern, was sie von dieser, dem historischen Cembalo doch fremden Idee hielten. Die überwältigende Mehrheit der Befragten sprach sich gegen diese, dem Wesen des Cembalos elementar konträre Modifikation seines Klangs aus. Die Angelegenheit schien damit erledigt. Manche Ideen erwiesen sich jedoch als besonders langlebig und so tauchte gegen Ende des Jahrhunderts noch einmal ein Cembalo mit anschlagsmodulierbarer Klangstärke aus der Werkstatt Bernhard von Tuchers, Leitheim, auf.

Bisher war nur die Rede vom „Plektrum" des die Saite anreißenden und damit klangerzeugenden Bauteils des Cembalospringers, aber noch nicht davon, aus welchem, für das Klangergebnis entscheidenden Material es besteht. Im 16. bis 18. Jahrhundert war das „klassische" Plektrum der Rabenkiel. Er besaß gerade die richtige Steifigkeit, um einen zu weichen oder zu harten Klang zu vermeiden. Ihm ist es auch zu verdanken, dass man das Plektrum gemeinhin als „Kiel" bezeichnet. Freilich versuchte man sich, vor allem in der Renaissance, auch an anderen, meist härteren Materialien wie Fischbein, Gänsekielen oder in Einzelfällen sogar Messingplektren.

Das in den beiden ersten Generationen des Cembalobaus im 20. Jahrhundert fast durchgängig eingesetzte Plektrenmaterial war ein hartes, eichenlohegegerbtes Leder. Erstmals nachgewiesen ist es allerdings schon in italienischen Cembali um 1730. In beiden Fällen strebte man damit wohl einen gegenüber dem Rabenkiel weniger aggressiven, weicheren Klang an. Am konsequentesten verfolgte dieses Ziel der französische Cembalobauer Pascal Taskin mit seinem 1768 eingeführten „Peau-de-Buffle"-Register. Er verwendete hierbei ein extrem weiches Leder, legte den Anreißpunkt für dieses spezielle Register weitestmöglich in die Mitte der anzureißenden Saite und erreichte damit einen besonders grundtönigen, weichen, ja flötenartigen Klang. Das Register setzte sich jedoch im Cembalobau nicht allgemein durch.

Im Zuge der Rückorientierung des Cembalobaus auf die historischen Quellen ab den 1960er-Jahren entdeckte man als geeignetes Plektrum den Kunststoff Delrin der Firma Dupont, der sich in seinen elastischen Eigenschaften dem Rabenkiel verwandt zeigte, ihm gegenüber aber die Vorzüge beliebiger Verfügbarkeit und längerer Haltbarkeit aufweist. Für Restaurierungen oder auf besonderen Kundenwunsch hin werden freilich auch weiterhin Rabenkiele eingesetzt, denen man dank ihrer naturbedingten Inhomogenitäten ein „lebendigeres" Klangbild nachsagt als den Delrin-Plektren. Gleichwohl lässt sich sagen, dass das Delrin-Plektrum heute das Standard-Plektrum des Cembalobaus ist.

So spiegelt sich in den unterschiedlichen Ausformungen des Springers und seines Plektrums die ganze Palette der Entwicklungsgeschichte des Cembalos im 20. Jahrhundert.

Was gilt es zu beachten bei der Untersuchung eines historischen Tasteninstruments?

Verehrte Kolleginnen und Kollegen, Sie alle im Auditorium sind ja im beruflichen Alltag immer einmal wieder mit der Frage meines Referats befasst „Was gilt es zu beachten bei der Untersuchung eines historischen Tasteninstruments?" und so möchte ich Sie bitten, meine Ausführungen eher als einen Erfahrungsaustausch aufzufassen und weniger als ein einsam von mir gehaltenes Kolleg. Ich glaube, Sie haben am meisten davon, wenn Sie mich möglichst oft mit Fragen unterbrechen, die wir dann gemeinsam erörtern wollen.

Noch ein Problem sollte ich eingangs ansprechen. Manche von Ihnen haben wohl in ehrlicher und mühevoller Arbeit einst an der Fachschule in Ludwigsburg den Titel eines Klavierbaumeisters erworben. In einer Entscheidung, die man eigentlich nur als „kühn bis grob fahrlässig" bezeichnen kann, hat Ihnen die Fachschule zu Ihrem Titel noch den Anhang dazu geschenkt „und Cembalobaumeister". Ein Anspruch, den – wie die Erfahrung lehrt – nicht jeder Träger dieses Zusatztitels zu 100 Prozent erfüllt. Ich bitte daher um Nachsicht bei denjenigen unter Ihnen, die tatsächlich auch meisterliche Fachleute auf dem Gebiet des Cembalobaus sind, wenn ich im Laufe meines Referats das eine oder andere Ihnen längst Bekannte wiederhole. Sehen Sie das bitte im Sinne des bewährten altrömischen Satzes „repetitio est mater studiorum" – „die Wiederholung ist die Mutter allen Lernens".

Bei meinem Thema wollen wir den Begriff „historische Tasteninstrumente" nicht nur auf Nachbauten historischer Tasteninstrumente aus unserer Zeit beschränken, sondern hin und wieder auch auf die originalen Instrumente früherer Jahrhunderte verweisen mit ihren besonderen, vor allem restauratorischen Anforderungen.

Zur Verfügung haben wir hier als Anschauungsobjekt für unsere anstehenden Untersuchungen ein Cembalo in historischer Bauweise, den Nachbau eines französischen Cembalos von F. E. Blanchet, Paris 1737.

Zunächst möchte ich Ihnen drei Regeln nahelegen, die sich bei der Untersuchung historischer Tasteninstrumente ganz allgemein bewährt haben. Anschließend werden wir uns über die Kriterien der einzelnen Schritte einer Instrumentenuntersuchung unterhalten.

Regel 1

Informieren Sie sich, wenn Sie zu einer Untersuchung gerufen werden, immer zunächst über den Grund der Untersuchung. Es könnte nämlich z. B. sein, dass Sie als willfähriges Werkzeug für einen geplanten Versicherungsbetrug herhalten sollen. Dazu ein Beispiel, wie es sich in der Wirklichkeit zugetragen hat: Ein Instrument, das kurz vor dem Kollaps stand und im Wesentlichen nur noch durch die Verpackung zusammengehalten wurde, ist einer Spedition übergeben worden. Nach Ankunft des Instruments am Zielort wurde die Spedition dann beschuldigt, an dem unbezahlbar wertvollen Instrument einen Totalschaden verursacht zu haben. Wo so etwas im Spiel sein könnte, wird man natürlich mit ganz anderen Augen an die Untersuchung herangehen als etwa in einem Museum, wo man gebeten wird, einen Kostenvoranschlag für die externe Restaurierung eines Instruments zu erstellen.

Regel 2

Vor Beginn der Detailuntersuchung sollte man mit dem Instrument intensive Bekanntschaft schließen. Diese Regel stammt von dem leider inzwischen verstorbenen Dr. Hubert Henkel, einem der besten Instrumentenkenner, einst Leiter der Musikinstrumentensammlung in Leipzig, dann im Deutschen Museum München. Nach seiner Flucht aus der DDR hatte er seinen ersten Arbeitsplatz im Westen in meiner Firma. Ich hatte ihn zur Hilfe gerufen wegen eines historischen Cembalos, das zu einem Hammerflügel umgebaut worden war und mit dessen Einordnung ich nicht klar kam.

   Dr. Henkel stellte sich zunächst vor das besagte Instrument und sprach kein einziges Wort. Es verging eine halbe Stunde, schließlich eine geschlagene Stunde. Gelegentlich machte er ein paar Schritte um das Instrument oder beugte sich vor, um eine Einzelheit genauer zu sehen. Sonst absolute Stille. Als er endlich wieder ansprechbar war, kam ich aus dem Staunen nicht mehr heraus. Er hatte das Instrument sozusagen „auswendig gelernt". Zu allen meinen Hypothesen über das Instrument, die ich dann mit ihm diskutierte, konnte er nun, ohne auch nur einmal noch auf das Instrument zu schauen, aus dem Kopf in allen Einzelheiten erläutern, was für meine Hypothesen sprach und was dagegen.

   Wenn man sich in dieser Weise vor Untersuchungsbeginn ein Bild von einem Instrument macht, dann sieht man später nicht nur Einzelheiten, sondern man lernt vor allem auch, sie aufeinander zu beziehen. Ich habe von da an versucht, das Henkelsche Verfahren für mich zu übernehmen und kann es nur Allen wärmstens empfehlen. Es muss ja nicht immer gleich eine ganze Stunde sein, die man stumm vor einem Instrument steht. Es hat jedoch sicher wenig Sinn, hektische Wahrnehmungen zu machen und sofort zu protokollieren – hier ein Resonanzbodenriss, dort ein abgelöster Steg, eine offene Gehrung – weil man damit versäumt, den Gesamtzusammenhang für die Ursachen der Schäden zu erkennen und auch Gefahr läuft, wichtige Details, die für eine bestimmte Schadensart typisch sind, zu übersehen.

Regel 3

Die Untersuchung eines Instruments erfolgt am zweckmäßigsten in der Reihenfolge, in der das Instrument gebaut wurde:

1. Rasten- bzw. Kastenbau
2. Fertigung des Resonanzbodens
3. Fertigung und Aufbringung der Stege auf Resonanzboden und Stimmstock, Aufbringung der Teilung
4. Fertigstellung des Gehäuses
5. Beziehen des Instruments
6. Fertigung der Klaviatur
7. Fertigung der Springermechanik
8. Setzen des Instruments (Einbau von Klaviatur, Mechanik, Zügen)
9. Oberflächenbehandlung des Gehäuses
10. Intonieren und Stimmen

Der Vorteil dieser Systematik ist, dass man keinen wesentlichen Punkt übersieht. Selbstverständlich muss man sich nicht sklavisch an diese Reihenfolge halten, man sollte nur keinen Schritt auslassen.

Kommen wir nun zur Beurteilung des Instruments anhand der einzelnen Schritte seines Entstehens.

Beim Rastenbau wird zunächst das „Fachwerk" des Instrumentenkörpers gebaut, das später die Saitenspannung aufnehmen wird. Es ist Ihnen allen ja typisch aus dem modernen Flügelbau bekannt.

Bei der Kastenbauweise hingegen wird sogleich der endgültige Instrumentenkorpus gebaut – eben wie ein Kasten – und sein Inneres dabei verstrebt gegen die Zugspannungen, denen er später ausgesetzt sein wird. Bitte achten Sie bei Kastenbauweise darauf, ob die Wände auf dem Unterboden stehen - wie bei flämischen oder französischen Cembali - oder ob der Unterboden eingelassen ist zwischen die Zargen - wie bei italienischen Cembali.

Der akustisch relevante Unterschied zwischen beiden Bauweisen zeigt sich erst, wenn der Resonanzboden aufgebracht ist. Bei der Rastenbauweise, die das Instrument ja nach unten geöffnet lässt, wird die Schallenergie nach oben und unten abgestrahlt im jeweiligen Wechsel einer halben Schwingung. Man spricht von einem „Dipol-Strahler". Bei der Kastenbauweise ergibt sich nach Aufbringen des Resonanzbodens ein rundum geschlossener Kasten. Es wirken jetzt die Schwingung des Resonanzbodens und die Eigenschwingungen des eingeschlossenen Luftvolumens zusammen. Der Klang wird im Wesentlichen halbkugelförmig nach oben abgestrahlt und dann durch den Deckel zum Publikum hin reflektiert, weshalb es aus akustischer Sicht jeweils ein geradezu unverzeihlicher Fehler ist, von einem Cembalo – aus welchen Gründen auch immer – den Deckel abzunehmen.

Dieser Fehler wird noch gravierender, wenn man die Ergebnisse der vor einigen Jahren vorgenommenen schwingungstechnischen Untersuchungen am Cembalo durch die Physikalisch-Technische Bundesanstalt Braunschweig berücksichtigt. Sie haben gezeigt, dass der Cembalodeckel nicht nur ein Klangreflektor ist, sondern wie ein zweiter Resonanzboden zum Schwingungsverhalten des Cembalos beiträgt.

Da Rasten bzw. Kasten die wesentliche gemeinsame Aufgabe haben, die Saitenspannung aufzunehmen, muss man prüfen, ob und wie sie dieser Aufgabe gewachsen sind. Am ehesten hat man mit einem Verziehen des Korpus zu rechnen. Man peilt also, am besten etwas nach rechts versetzt vor dem Instrument stehend, bei geöffnetem Deckel über die Oberkante des Instrumentenkorpus. Man stellt so fest, dass entweder mit der Statik des Instruments alles in Ordnung ist oder dass sich – das sind die mit Abstand häufigsten Befunde – entweder die Korpusspitze nach oben verzogen hat oder die Ecke Hohlwand/Diskantwand eingeknickt ist.

Beides hat natürlich seine Ursachen in einer mangelhaften Statik des Instruments. Man muss nun weiter untersuchen, welche Holzverbindungen in der Folge dieses Verziehens bereits aufgegangen sind. Besonders gefährdet sind dabei die Verbindungen Basswand/Hohlwand und Hohlwand/Diskantwand.

Natürlich muss man sich das Instrument auch von unten anschauen. Sitzen bei Rastenbauweise noch alle Streben fest in ihren Lagern, ist bei Kastenbauweise der Unterboden gerissen oder gar so verschoben, dass er nicht mehr mit den Zargen bündig ist.

Der nächste Schritt ist die Untersuchung des Resonanzbodens und daran anschließend der akustischen Gesamtanlage, die auch noch Stege und Stimmstock umfasst.

Beim Resonanzboden sind die Schadensmöglichkeiten so evident, dass ich mich auf eine stichwortartige Aufzählung beschränken kann. Bei Rissen im Resonanzboden ist es freilich mit dem Abzählen der Risse nicht getan. Man muss auch versuchen, die Gründe dafür zu verstehen und ein Auge darauf werfen, mit welchem Aufwand sie zu beheben sind. Für alle Resonanzbodenrisse gilt, dass sie längs der Jahre des Holzes verlaufen müssen. Ein Bruch des Bodens quer zu den Jahren, wie er freilich nur durch massive Gewalteinwirkung entstehen kann, bedeutet in jedem Fall das (bereits vollstreckte) Todesurteil für den Resonanzboden.

Der einfachste und bequem durch Ausspänen zu behebende Fall eines Resonanzbodenrisses ist ein Trocknungsriss, schön gerade mit den Jahren laufend, der entweder durch zu feuchtes Holz beim Bau des Instruments entstanden ist oder irgendwo einem zu trockenen Standplatz (relative Luftfeuchtigkeit unter 50%) anzulasten ist. Es gibt aber auch Schieberisse, meistens im Diskant eines Instruments, in Folge einer statischen Verwerfung im Bereich Hohlwand/Diskantwand oder dadurch, dass sich dort der Anhangsteg von der Wand gelöst hat. Dabei wird der Resonanzboden nach vorne gedrückt, die Leimfläche an der Dammauflage des Resonanzbodens löst sich und der Resonanzboden schert nach vorne ab gegenüber dem weiterhin fest verankerten Mittelbereich des Resonanzbodens. Man fühlt diese Verschiebung leicht, indem man mit dem Finger an der Oberkante des Damms entlangfährt. Zweckmäßigerweise nutzt man diesen Fingertest auch gleich um zu prüfen, ob die Resonanzbodenvorderkante noch überall fest mit dem Damm verleimt ist.

Meist im linken hinteren Bereich des Resonanzbodens findet man besonders unangenehme Risse, die durch die dort bestehenden Spannungsverhältnisse entstehen. Der hintere Teil der langen Wand wird nämlich – im Gegensatz zu Basswand und Hohlwand, die ja eindeutig auf Zug beansprucht werden, auf Druck belastet - eine Zerreißprobe, der der Resonanzboden nicht immer standhält. Die Folge sind dann Risse, bei denen die beiden Risskanten oft in unterschiedlicher Höhe liegen, sodass man den Riss nicht einfach ausspänen kann. Hier bleibt einem bei den ja unten geschlossenen Instrumenten in Kastenbauweise nichts anderes übrig, als eine Luke in den Unterboden zu schneiden, über die man die Risskanten auf gleiche Höhe bringen und ausspänen kann.

Natürlich muss man auch die Unterseite des Resonanzbodens auf lose Rippen oder lose Gegenstege kontrollieren. Bei der Rastenbauweise ist das leicht zu bewerkstelligen, bei Instrumenten in Kastenbauweise muss man den Boden von oben mit den Fingerknöcheln abklopfen.

Anschließend kann man sich Stegen und Stimmstock zuwenden. Für den Klangsteg gilt hier die gleiche Fragestellung, wie Sie sie von Klavieren und Flügeln kennen: Hat sich der Steg an einer Stelle gelöst; gibt es Risse, die sich besonders gern in der Linie der Stegstifte bilden; sitzen die Stegstifte fest; wird die klingende Saitenlänge noch vom Stegstift begrenzt oder hat sich die Saite schon so weit in die Stegoberkante eingegraben, dass das Holz die klingende Länge begrenzt und damit einen stumpfen Ton hervorruft?

Ein stets heikler Punkt bei historischen Tasteninstrumenten ist der Anhangsteg. Er wird von der gesamten Saitenspannung beansprucht, hat aber dabei keine Gussplatte als Unterstützung zur Verfügung. So löst sich oft der Anhangsteg von der Zargeninnenseite oder von seinem Bodenlager - mit verheerenden Folgen für die Stimmhaltung des Instruments.

Ist der Anhangsteg noch nicht zerrissen, hilft es ihn (nach Ablassen der Saitenspannung) mit Zwingen möglichst wieder in seine ursprüngliche Position zu bringen und dann zu schrauben und zu dübeln. Eine eventuell noch verbleibende Fuge zwischen Anhangsteg und Gehäuse-Innenwand leimt man mit einem Span aus.

Bleibt noch der Stimmstock. Zunächst prüft man den Wirbelsitz mit der Stimmkrücke. Bitte legen Sie dabei nicht die Maßstäbe an wie beim Wirbelsitz von Klavieren und Flügeln. Das Drehmoment, das die Saite auf den Wirbel beim Klavier ausübt, ist etwa 25-mal größer als das Drehmoment, das von einer Cembalosaite auf den ja auch im Durchmesser kleineren Cembalowirbel ausgeht. Entsprechend leichtgängiger darf auch ein Cembalowirbel sein, ohne dass Sie Bedenken haben müssen, dass die Stimmhaltung leidet. Im Gegenteil – das Cembalo lässt sich sehr viel angenehmer stimmen, wenn der Wirbel bei kleinstem Fingerdruck auf die Stimmkrücke reagiert.

Den Stimmstock untersucht man natürlich auch auf Risse, wobei die Risse parallel zur Wirbelreihe besonders gefährlich sind. Die meist in Saitenrichtung verlaufenden Risse der Aufdopplung sind hingegen relativ harmlos und jagen allenfalls dem unbedarften Kunden Angst und Schrecken ein.

Welche Reparaturmöglichkeiten gibt es?

Gehen die Stimmwirbel einmal wirklich zu leicht, ohne dass dies von einem Riss im Stimmstock verursacht ist, hilft als einfachstes Mittel, den Wirbel etwas tiefer zu schlagen. Besonders geeignet ist diese Methode, wenn man es mit historischen Wirbeln, die nicht zylindrisch, sondern konisch sind, zu tun hat. Aber bitte Vorsicht! Übertreibt man das Tieferschlagen, wirken die Wirbel wie ein Keil zum Spalten des Stimmstocks.

In krasseren Fällen kann man sich mit einer Wirbelübergröße behelfen oder im Wirbelloch ein Stück Schleifleinen beilegen, natürlich mit der Körnung nach außen. Das ist allemal besser als das gelegentlich vorgeschlagene Beilegen eines Stücks Furnier, das nämlich nach kürzester Zeit zerbröselt. Gar nicht in Frage kommen diverse Wundermixturen, wie sie immer wieder einmal angepriesen werden.

Bei gravierenden Rissen in Richtung der Wirbellinie des Stimmstocks hilft – wenn man nicht den ganzen Stimmstock erneuern möchte – nach unserer Erfahrung nur ein relativ aufwendiges Verfahren: Man nimmt Saiten und Wirbel ab, fräst das betroffene Wirbelfeld heraus und setzt ein neues, dem Stimmstock gleiches Stück Holz ein. Falls nötig lässt sich das dann auch gut mit einer nur in Furnierstärke erforderlichen Aufdopplung des gesamten Stimmstocks kaschieren.

Es kommt leider auch relativ häufig vor, dass der Stimmstock mehr oder weniger nach hinten weggekippt ist. Hier steht eine größere Reparatur an. Im brutalsten, aber wirksamsten Fall kann man dabei auch einmal mit Stockschrauben arbeiten, freilich nicht bei Restaurierungen.

Als nächstes gilt unsere Aufmerksamkeit dem Saitenbezug. Zunächst sollte man Art und Maße der Stimmnägel notieren, damit man gegebenenfalls weiß, welcher Stimmschlüssel zu besorgen ist. Für die Schadensaufstellung notiert man Saitenzustand (Korrosion?), Anzahl der fehlenden, nicht originalen oder gar geflickten Saiten. Für eine komplette Beschreibung des Instruments sollte man auch noch die Art des Bezugs aufnehmen: Also welches Saitenmaterial, wie viele umsponnene Saiten. Manchmal kann es auch noch Besonderheiten geben, z. B. Feinstimmer bei Pleyel-Cembali oder Wittmayer-Klavichorden.

Ist man ganz besonders sorgfältig, gibt man auch noch ein Mensurmaß an, nämlich die klingende Saitenlänge für den Ton c^2. Es hat sich in allen Instrumentenbeschreibungen mit wissenschaftlichem Anspruch eingebürgert, die klingende Länge für c^2 anzugeben, weil ein bei allen Instrumenten an gleicher Stelle abgenommenes Maß eine Hilfe bei der Identifizierung anonymer Instrumente sein kann oder ein Hinweis, dass ein Saitenbezug auf einem historischen Instrument nicht mehr original ist. Zum Beispiel weist eine c^2-Mensur kleiner als 28 cm darauf hin, dass das Instrument ursprünglich einen Messingbezug hatte oder ein Wert größer als 37 cm, dass das Instrument für eine tiefere Stimmung als $a^1 = 440$ Hz ausgelegt ist.

Unser nächstes Augenmerk gilt der Klaviatur des Instruments. Notieren sollte man als Minimum Klaviaturumfang (unter besonderer Beachtung der Bassoktave, die eventuell „kurz" sein kann); Belag der Untertasten und der Tastenfronten, die ein Zierprofil besitzen können; Holzart der Obertastenklötzchen, ob und wie sie belegt sind.

Ähnlich wie der c^2-Wert bei Saitenmensuren hat sich auch eine einzelne Maßzahl zur Beschreibung einer Klaviatur eingebürgert, nämlich das „Stichmaß", das auch einen Anhaltspunkt beim Vergleich von Instrumenten liefern kann. Das Stichmaß umfasst drei Oktaven im Mittelbereich der Klaviatur, wird also üblicherweise von der linken Kante der Untertaste C bis zur linken Kante der Untertaste c^2 gemessen. Bei historischen Tasteninstrumenten liegt dieser Wert meist bei 47,5 plus/minus 0,5 cm, bei modernen Klavieren (und originalen Ruckers-Cembali) bei 50,0 cm.

Ferner sollten Sie die Art der Tastenführung festhalten. Ist die Waagbalkenführung ungetucht oder hat sie eine Leder- bzw. Tuchgarnierung. Haben die Tasten Vorderführung in einem Stift oder Hinterführung, z. B. in einer Kanzelle. Verlaufen die Hintertasten gerade oder sind sie gekröpft; sind die Tastenhebel profiliert (z. B. mit einem Dachprofil); sind die Tasten ausgebleit im hinteren Teil oder stattdessen ausgeschnitzt im vorderen Teil; welche Garnierungen haben Tasten und Klaviaturrahmen und in welchem Zustand sind sie (Mottenfraß!).

Wie steht es um die Klaviaturstifte (Sitz, Korrosionszustand). Und nicht zu vergessen: aus welchem Holz sind die Tastenhebel.

Bei historischen Instrumenten ist auch noch zu beachten, dass die Polster aus vernähten Tuchlagen bestehen, denn unsere dicken Walkfilze gab es ja im 18. Jahrhundert noch nicht. Im Falle einer Restaurierung müssen dann natürlich auch wieder Tuchlagen verwendet werden, wie umständlich das auch immer sein mag.

Auch der Klaviaturrahmen muss inspiziert werden. Ist er verzogen oder liegt er noch fest auf dem Stuhlboden auf, sodass man den Klaviaturrahmen an keiner seiner Ecken durch Drücken mit dem Finger in eine Schaukelbewegung versetzen kann.

Als nächstes wenden wir uns der Schaltanlage der Instrumente zu. Hier haben wir zwei Schritte:

1. Welche Schaltmöglichkeiten gibt es (oder gab es ursprünglich) und welche Funktion haben sie im Einzelnen.
2. Wie ist der Zustand dieser Schaltmechanismen.

Die wichtigsten Züge, auf die Sie achten müssen, sind - manualiter oder pedaliter zu bedienen - :

a. Registerhebel
b. Koppelmechanismen
c. „Veränderungen", wie Lautenzüge oder Pianozüge.

Es kann an historischen Tasteninstrumenten gelegentlich auch ganz exotische Züge geben, wie „Jeu celeste", der die Dämpfung eines ganzen Registers abhebt oder einen Arpichordium -Zug, bei dem Metallhäkchen beim Stimmstocksteg an die Saite gedrückt werden und einen metallisch schwirrenden Klang erzeugen.

Viele Tasteninstrumente besitzen ferner eine Transponiervorrichtung. Man darf sie bei Cembali nur nach Einschalten aller Register betätigen, da sonst die Springer nicht über die Dämpfer an den Saiten hängen, sondern beim seitlichen Verschieben der Klaviatur zwischen die Tasten geraten und in der Folge abbrechen können.

Wenden wir uns als nächstes der Mechanik zu.

1. Frage: Klemmen die Springerrechen? Das kommt bei Cembali häufig vor und ist auch verständlich. Bei der reinen Holzkonstruktion des Instruments verengt der starke Saitenzug im Laufe der Zeit den freien Kanal zwischen Stimmstock und Damm, in dem die Springerkästen laufen, was schließlich zum Klemmen der Rechen führt. Abhilfe schafft man entweder durch Entfernen der vom Hersteller als „Platzreserve" an der Hinterkante des Stimmstocks bzw. an der Vorderkante des Damms beigeleimten Furniere oder – falls dies möglich ist – durch seitlichen Ausbau der Springerrechen und Verringerung ihrer Wandstärke. Im schlimmsten Fall wird das

Zerlegen des Instruments und Abhobeln der Rückseite des Stimmstocks oder der Vorderseite des Damms erforderlich.

2. Die nächste Frage ist, wie die Springer im Kasten laufen. Holzspringer können z. B. durch Feuchtigkeitseinwirkung in den Springerrechen feststecken. Bitte beim Nachschleifen der Springer bzw. dem Nachfeilen der Führungslöcher im Springerkasten möglichst wenig Material abnehmen! Haben die Springer nämlich in Zupfrichtung der Kiele zu viel Spiel im Springerkasten, so werden die Kiele einmal weiter und einmal weniger weit unter die Saiten greifen und für eine ungleichmäßige Intonation und Spielart sorgen. Reichlich Luft sollen die Springer hingegen im Springerkasten senkrecht zur Zupfrichtung, also in Richtung des Saitenverlaufs haben. Da das Tastenende, auf dem der Springer aufsteht, beim Anschlag eine Kreisbewegung ausführt, kann der Springer so die horizontale Komponente der Kreisbewegung kompensieren.

3. Die Plektren der Springer, die eigentlichen Klanggeneratoren, sind das Element, auf das der Musiker zuerst achtet. Das gebräuchlichste Plektrenmaterial ist heute der Kunststoff Delrin, aber Verwendung finden auch verschiedene andere Kunststoffe, Lederplektren und bei historischen Instrumenten – wie ursprünglich - Rabenkiele. Zu Restaurierungen wird man daher auch wieder Rabenkiele verwenden. Bei Reparaturen wird man sich aber heute meist für Delrin-Plektren entscheiden. Die wesentlichen Vorzüge von Delrin sind seine geradezu unendliche Haltbarkeit, sehr viel geringere Nachregulierungsarbeit und eine angenehme Spielart des Instruments, vor allem, wenn man mehrere Register eingeschaltet hat. Schließlich kommt der Klang eines mit Delrin bekielten Cembalos dem von Rabenkielen erzeugten historischen Klangbild unter allen Plektrenmaterialien am nächsten.

Selbstverständlich muss man auch die einzelnen Funktionselemente der Springer überprüfen, als da sind Gängigkeit der Springerzungen, ausreichende Funktion der Zungenfeder und Zustand des Dämpferfilzes.

Ein effektiver Schnelltest, um sich über den Allgemeinzustand der Springer eines Registers zu informieren, ist das Niederdrücken aller Tasten mit einer Leiste und anschließendes langsames Hochkommenlassen der Tasten. Wenn man dann die Tasten einzeln durchspielt, ergeben sich die irgendwie defekten Springer sofort dadurch zu erkennen, dass sie nicht ansprechen.

Bei all unseren bisherigen Überlegungen wurde der Allgemeinzustand des Gehäuses des zu untersuchenden Instruments außer Acht gelassen. Dabei ist es doch das Gehäuse, das an einem Instrument zuerst ins Auge fällt und das je nach seinem Zustand beim Betrachter freudige Erwartung oder Aversion auslöst.

Auf welche Punkte sollte man hier besonders achten?

a. Als Folge des eingangs beschriebenen Verziehens des Korpus unter der Saitenspannung kann es sein, dass der Deckel nicht mehr passt. Gemeinhin sind dem Beheben dieses Zustands enge Grenzen gesetzt. Sie erstrecken sich im Wesentlichen auf ein Neuanschlagen der Scharniere oder auf ein Abrichten der Korpusoberkante.

b. Oft findet man bei alten Instrumenten ausgerissene Scharniere vor.

c. Der Sitz der Füße ist zu kontrollieren, da durch Schwund hier oft kein fester Halt mehr gegeben ist.

d. Vor allem bei historischen Instrumenten muss man auch mit Wurmbefall rechnen. Es gilt dabei zu entscheiden, was muss ersetzt werden, wo kann man sich mit Begasung helfen. Empfohlen wird eine Begasung mit Aethylenoxid (Tipp des Germanischen Nationalmuseums Nürnberg) oder Methylbromid.

e. Das Augenmerk auf notwendige Furnierarbeiten bezieht sich auf ausgerissene oder abgelöste Furnierteile sowie auf eventuelle „Kirschner".

f. Schließlich wird man in aller Regel noch mehr oder weniger viele Wasserflecken entdecken, die sich meist nicht über eine Sprühdose, sondern nur über ein völliges Abschleifen und Neuaufbauen der Oberfläche beheben lassen.

Zum Schluss wollen wir uns noch darüber unterhalten, wie die Ergebnisse einer Instrumentenuntersuchung dokumentiert werden sollen. Eine Dokumentation hat mindestens die drei folgenden Punkte zu umfassen:

1. Eine – je nach Aufgabenstellung mehr oder weniger ausführliche – Beschreibung des Instruments, am besten durch Fotos gestützt.

2. Eine Auflistung der Schäden, auch wieder möglichst mit Fotos belegt, verbunden mit einem detaillierten Kostenvoranschlag für Reparatur bzw. Restaurierung des Instruments.

3. Eine Bewertung des Instruments:

   a. Wie ist das Instrument - bezogen auf die Geschichte des Instrumentenbaus – einzuordnen.

   b. Ist die Reparatur aus fachlicher Sicht zu empfehlen oder kann man für den aufzuwendenden Betrag ein besseres, neueres Instrument gleicher Art bekommen.

   c. Bei älteren Originalinstrumenten kommt noch die Frage hinzu, ob eine Restaurierung oder eine Konservierung zu empfehlen ist, da mit einer Restaurierung eventuell wichtige Spuren eines seltenen Instruments verloren gehen oder die Spielbarkeit nur über aus restauratorischer Sicht nicht vertretbare Eingriffe zu erreichen wäre.

Damit sind wir am Ende meines Referats. Niemand erwartet von Ihnen, dass Sie sich die vielen Einzelheiten ohne eine Nachlektüre alle auf einmal merken. Das Ziel des Referats ist aber schon erreicht, wenn es Ihre Sensibilität im Umgang mit historischen Tasteninstrumenten geweckt oder befördert hat. Es wird Ihnen helfen bei Ihrer Arbeit an historischen Tasteninstrumenten selbst wohlüberlegte Entscheidungen zu treffen oder – was bestimmt kein Makel ist, vielmehr von Verantwortungsbewusstsein zeugt – kollegialen Rat in Anspruch zu nehmen.

Seminar, Bund Deutscher Klavierbauer
Schloss Homburg, 21. Juni 2014

Was versteht man unter Restaurierung von Tasteninstrumenten?

Wenn man mit der – sicherlich eine kurze, klare Antwort erwartenden – Frage nach der Definition des Begriffs „Restaurierung" konfrontiert wird, fühlt man sich zunächst ziemlich ratlos. Der Versuch diesen Begriff in Worte zu fassen, führt zu einem immer unförmiger werdenden Satzungetüm, bis einem schließlich unmissverständlich klar wird, dass es eine brauchbare Definition in einem Satz nicht geben kann, sondern dass man sich dem Begriff „Restaurierung" allenfalls in ausführlichen Erörterungen asymptotisch annähern kann.

Eine zusätzliche Schwierigkeit besteht darin, dass die Vorstellung, was man unter „Restaurieren" zu verstehen hat, sich im Wandel der Zeit erheblich verändert hat und damit der Versuch einer Definition ohnehin nur für unser aktuelles Verständnis gelten kann.

Ein einziges Beispiel mag als Beleg hierfür genügen: Zu Beginn des 20. Jahrhunderts stattete Arnold Dolmetsch (1858–1940), unbestritten einer der verdienstvollsten Pioniere der Wiedererweckung historischer Instrumente und ihrer Musik, bei der Restaurierung eines Cembalos von Pascal Taskin aus der zweiten Hälfte des 18. Jahrhunderts das Instrument im Sinne des Fortschrittdenkens der Zeit mit einer veritablen Pedalanlage zur Registrierung aus – eine Restaurierungssünde, die man heute nicht einmal mehr im Scherz vorschlagen würde.

Man kommt dem Verständnis des Begriffs Restaurierung vielleicht am nächsten, wenn man ihn von zwei entgegengesetzten Extrempositionen aus betrachtet.

Da ist zum einen der „Reparateur", der die zuverlässige Spielbarmachung eines historischen Tasteninstruments um jeden Preis erreichen will, mag dabei noch so viel Originalsubstanz verloren gehen und mögen dabei noch so viele moderne Materialien und Fertigungsmethoden in das Instrument eingebracht werden. Diese Spezies von Restauratoren findet man – man möge mir verzeihen – hauptsächlich in den Reihen der Klavierbauer, die sich neben ihrem Alltagsgeschäft nur ausnahmsweise und eher zufällig mit einem historischen Tasteninstrument zu befassen haben.

Auf der anderen Seite steht der Typ des Restaurators, der eigentlich ausschließlich Konservator sein will, der vor lauter Bedenken möglichst überhaupt nichts verändern möchte an einem historischen Instrument, es am liebsten unter einer Glasglocke aufbewahrt und alles ablehnt, was dem existenziellen Zweck eines Musikinstruments entgegenkäme, nämlich Musik auf ihm zu machen. Eine solche Einstellung findet sich hin und wieder unter den Inhabern von Restauratoren-Planstellen in Öffentlichen Sammlungen und Museen.

Es ist klar, dass beide Extrempositionen für einen sinnvollen Restaurierungsansatz ungeeignet sind, dass man sich vielmehr aufeinander zu bewegen muss. Aber wo in dem zwischen beiden Positionen liegenden weiten Feld soll man sich treffen? Für diese Entscheidung ist vor Beginn einer Restaurierung die Klärung verschiedener Sachfragen erforderlich:

1. Was lässt sich zur Geschichte des Instruments ermitteln?
   a. Wann wurde es gebaut?
   b. Handelt es sich um ein typisches, in vielen Exemplaren seiner Epoche erhaltenes Instrument (Beispiel Tafelklavier aus der Mitte des 19. Jahrhunderts) oder ist es ein Instrument mit einem sonst nur selten zu findendem Konzept, vielleicht gar ein Unikat?
   c. Wer ist der Erbauer? Ist es ein anonymes oder ein signiertes Instrument? Welche instrumentenbauliche Bedeutung kommt gegebenenfalls dem Erbauer zu?

Antwort auf diese Fragen gibt die einschlägige Fachliteratur. In aller Regel wird es dabei genügen, die Standardwerke von D. Boalch (1), M. Clinkscale (2a,2b) und H. Henkel (3) zu Rate zu ziehen. Sollte man zusätzliche Informationen benötigen, findet man dort weiterführende Literaturhinweise.

Die Klärung dieser Fragen ist natürlich für die Entscheidung wichtig, wie weit man gegebenenfalls bei der Restaurierung hinsichtlich des Austausches oder der Ergänzung von Originalsubstanz gehen darf. Hat man ein Unikat vor sich oder ein Instrument, bei dem so viel zu ersetzen wäre (z. B. ein wurmzerfressener Resonanzboden), dass das Ergebnis der Restaurierung mit dem ursprünglichen Instrument so gut wie nichts mehr zu tun hätte, so sollte man eher an eine Konservierung als an eine Restaurierung denken. Um gleichwohl zumindest ein angenähertes Bild vom Klang eines derartigen Instruments zu erhalten, bleibt ja noch der Weg der Anfertigung eines maßgenauen Nachbaus.

Die nächste wichtige Frage ist, in welchen Zustand das Instrument restauriert werden soll. „Habent sua fata libelli" – „Bücher haben ihre Schicksale". Dieser altrömische Spruch trifft auch auf Musikinstrumente zu. Es kann sein, dass wir ein Instrument vorfinden, das vielleicht schon im 18. Jahrhundert umgebaut wurde – man denke nur an das „Ravalement", das die aus dem 17. Jahrhundert stammenden Cembali der Antwerpener Familie Ruckers in Frankreich erfahren haben oder an die Cembali, die dem Zeitgeist entsprechend damals zu Hammerflügeln umgebaut wurden.

Welches Stadium des Instruments soll man hier wieder herstellen? Es erscheint erstrebenswert, sich für einen möglichst frühen, am besten originalen Zustand zu entscheiden und spätere Zutaten zu entfernen. Das ist aber nur dann sinnvoll, wenn noch genügend Originalsubstanz vorhanden ist, um sich dem ursprünglichen Zustand wieder überzeugend anzunähern und nicht einfach nur ein Remake abzuliefern.

Hat man sich für eine Restaurierung in einen bestimmten Zustand entschieden, beginnen die Detailfragen, welche Arbeiten konkret ausgeführt werden sollen. Hierbei muss man sich vor allem auch mit dem Auftraggeber der Restaurierung abstimmen. Ihm gegenüber ist das restauratorische Konzept aufzugliedern und zu erläutern, inklusive Angabe der entstehenden Kosten. Sollten die Vorstellungen des Auftraggebers von dem vorgeschlagenen Konzept abweichen, wird ein Gespräch ergeben, wie weit man den Wünschen des Auftraggebers nachkommen kann, ohne elementare restauratorische Grundsätze preiszugeben. Da die Entscheidungshoheit immer beim Auftraggeber bleibt, darf man sich aber gegebenenfalls auch nicht scheuen, von einem mit dem heutigen Verständnis von Restaurierung nicht vereinbaren Auftrag zurückzutreten. Das wird nur vordergründig ein ökonomischer Verlust sein, denn rücksichtslose „Restaurierungen" sprechen sich in der Branche – zum Glück – schnell herum und können den Ruf eines „Restaurators" ruinieren, mit allen daraus resultierenden wirtschaftlichen Folgen.

Vor Restaurierungsbeginn sollte man alle Vorbereitungen für eine zeitnahe Dokumentation der Arbeitsgänge – möglichst in Wort und Bild – treffen und sicherstellen, dass alle dem Instrument entnommenen Materialien gekennzeichnet und aufbewahrt werden. Wenn dann die eigentliche Restaurierungsarbeit beginnt, ist für jeden einzelnen Arbeitsgang zu entscheiden, wie er in einer den historischen Erfordernissen gemäßen Weise auszuführen ist. Die im Folgenden hierzu behandelten Fallbeispiele können selbstverständlich keinen Anspruch auf Vollständigkeit erheben, mögen aber die Möglichkeiten und Grenzen einer Restaurierung aufzeigen und zur Sensibilisierung des Restaurierenden gegenüber seiner Aufgabe beitragen.

Gehäuse

Natürlich wird man z.B. ausgebrochene oder fehlende Furnierteile ersetzen, und zwar so fachgerecht, dass die Ergänzungen auf den ersten Blick gar nicht zu erkennen sind und nicht wie ein „falscher Zahn" herausstechen. Aber Vorsicht! Nicht jede „Beschädigung", die man an einem Gehäuse festzustellen meint, ist auch wirklich eine solche. Bei manchem Loch oder mancher Aussparung kann es sich durchaus auch um Spuren eines früheren Bauzustands des Instruments handeln. Beispiele hierfür wären etwa die Befestigungslöcher für früher an dem Instrument vorhandene Züge, der ursprünglich andersartig befestigte Original-deckel oder bei Klavichorden die Halterungslöcher für eine früher anstatt oder neben der Flechtdämpfung vorhandene Dämpfungsleiste.

Stege

Einen wurmzerfressenen oder aus sonstigem Grund zerstörten Stegteil erhalten zu wollen, macht keinen Sinn. Die elastischen Eigenschaften des Stegholzes zur Erzeugung des ursprünglichen Klangbildes sind ja in diesem Falle nicht mehr gegeben. Man wird hier ein in Holz und Farbton gleichartiges Stegstück (am bes-ten per Schäftung) einsetzen. Das ist sicherlich der gelegentlich vorgeschlagenen Stabilisierung des beschädigten Teilstücks mittels Epoxydharz vorzuziehen, da das Kunstharz ja vom Holz abweichende, klangrelevante physikalische Daten aufweist.

Auch ist hier die Aufbewahrungspflicht für den defekten Stegteil besonders zu beachten. Es könnten sich darauf z. B. Bleistift- oder Tuschangaben des Erbau-ers zum Saitenbezug befinden.

Saiten

Es bestehen keine prinzipiellen Bedenken, den Saitenbezug erforderlichenfalls durch neue, nach alter Art gefertigte Saiten zu ersetzen, wenn der vorgefun-dene Bezug sich als Konglomerat verrosteter, geflickter oder fehlender Saiten erweist. Dabei sollte man aber möglichst wissen, welcher Bezug ursprünglich auf dem Instrument war. Zum Glück haben die Instrumentenbauer früher meist die Bezugsstärken auf Steg oder Stimmstock notiert, andernfalls kann ein Blick in die Sammlung der Bezugslisten historischer Tasteninstrumente von M. Rose und D. Law (4) weiterhelfen oder die Kontaktaufnahme mit dem Eigentümer eines Schwesterinstruments; siehe hierzu (1), (2a), (2b).

Im Übrigen mögen komplett vorgefundene Saitenbezüge zwar historisch aus-sehen, sind aber in der Regel gar nicht die Originalsaiten, da es früher Gang und Gäbe war, Saiten spätestens nach 20 bis 30 Jahren zu erneuern; siehe hierzu A. Huber (5).

Stimmstock

Der Stimmstock historischer Instrumente ist meist aus einem Block gefertigt, allenfalls mit einer in der Faser dazu senkrecht verlaufenden Aufdopplung. Ein Riss im Block entlang der Wirbelreihe kann einen festen Sitz der Stimmwirbel unmöglich machen. Es erscheint durchaus vertretbar, wenn man hier den Stimmstock im Bereich des Wirbelfeldes ausfräst und ein neues Stück gleichartigen Holzes einsetzt, zumal hiervon die akustischen Eigenschaften des Instruments nicht tangiert werden. Erleichtert wird diese Entscheidung, wenn der Stimmstock mit einer Aufdopplung versehen ist, die man vorher abnehmen kann und die anschließend die Erneuerung des Stimmstockkerns völlig unsichtbar macht.

Resonanzboden

Am heikelsten sind Restaurierungsarbeiten am Resonanzboden, dem für den Klang wichtigsten Bauteil des Instruments.

Ein Ausspänen von längs der Faser verlaufenden Resonanzbodenrissen ist selbstverständlich. Keinesfalls darf aber der Resonanzboden z.B. durch Aufbringen zusätzlicher Rippen stabilisiert werden, da dies den Klangcharakter des Instruments verändern würde. Erst recht kommt natürlich die vollständige Erneuerung des Resonanzbodens unter keinen Umständen in Frage. Hierdurch würde das Instrument seine „musikalische Seele" und damit seinen Wert als historisches Dokument vollständig verlieren.

Das Äußerste, was restauratorisch bei einem völlig verworfenen und gerissenen Resonanzboden vertretbar erscheint, ist ein vorsichtiges völliges Herauslösen des Resonanzbodens. Hat man dann den Boden geglättet und neu verleimt, so kann es sein, dass er geringfügig zu schmal geworden ist. Man wird dann am besten an der Basskante des Bodens einen passenden Span ansetzen und den Boden wieder einleimen – freilich nach historischer Art unter Verwendung wasserlöslicher Haut- oder Knochenleime. Vielleicht wird ja in 200 Jahren wieder eine Restaurierung erforderlich und auch dann muss es noch möglich sein, den Resonanzboden (durch „Einweichen" mit feuchten Sägespänen) wieder herauszulösen.

Klaviatur

Gerade bei Klaviaturen ist die Versuchung groß, sie im Rahmen einer Restaurierung „schöner", geräuschärmer und funktionssicherer zu machen. Aber man widerstehe dieser Verlockung! Ausgespielte Tastenbeläge sind kein Makel, sondern ein Beleg für intensives Spiel auf dem Instrument im Laufe seiner Geschichte. Nicht originale Ausbleiungen sollte man entfernen. Eine ungetuchte Tastenführung hingegen muss ungetucht bleiben. Sie wird ausschließlich nachgearbeitet, selbst wenn man mit einer Garnierung schneller zum Ziel käme. Auch wird man die Tasten geradelegen und die Tastenspatien richten in der gewohnten Weise – das hätte der ursprüngliche Erbauer sicherlich ebenfalls gemacht, wenn das Instrument noch einmal in seine Werkstatt gekommen wäre. Bei einer eventuell unumgänglichen Erneuerung des Rahmenpolsters mache man sich die Mühe, das Polster originalgetreu aus Tuchschichten zu vernähen (also keine Verwendung eines modernen Klavierfilzes).

Stimmtonhöhe

Keine selbstverständliche Antwort gibt es auf die Frage, welche Stimmtonhöhe ein Instrument bei seiner Restaurierung erhalten soll, es sei denn, der Auftraggeber hat feste Vorgaben gemacht. Hier muss der Restaurator dann Widerspruch einlegen, wenn eine Stimmtonhöhe verlangt wird, die Mensur oder Statik des Instruments überfordern.

Die von Musikern oft als „historische Stimmtonhöhe" bezeichnete Höhe a^1 = 415 Hz (bzw. a^1 = 430 Hz für Hammerflügel) ist übrigens nicht mehr als eine praktische Konvention unserer Zeit und hat keinen Anspruch darauf, historisch begründete Richtschnur zu sein. Im 18. Jahrhundert gab es innerhalb Europas schließlich Unterschiede in der Stimmtonhöhe von mindestens einer kleinen Terz.

Im Idealfall wird man das Instrument abhören, bei welcher Stimmtonhöhe es seinen Klang am besten entfaltet. Auch hier gilt – wie im Bau von Saitenklavieren allgemein – dass möglichst hohe Zugauslastung der Saiten Klang und Stimmhaltung positiv beeinflussen – ein Anliegen, das freilich auch mit der Statik des jeweiligen Instruments vereinbar sein muss.

Wenn irgend möglich – und das erlaubt ja jede Stimmtonhöhe – wähle man für das Instrument eine historische, also ungleich schwebende Stimmtemperatur. Unsere heutige gleichschwebende (genauer: proportional schwebende) Temperatur nivelliert das Klangbild Alter Musik in unnötiger Weise. Warum soll man Musikern und Publikum, wenn man sich schon mit Historie befasst, den außerordentlichen ästhetischen Reiz vorenthalten, der etwa von Modulationen in „entfernte Tonarten" beim Musizieren in historischer Temperatur ausgeht.

Intonation

Beim Intonieren eines historischen Tasteninstruments lasse man sich nicht beirren von der gemeinhin größeren Lautstärke moderner Instrumente, wie sie sich z. B. extrem an der Klangrelation von historischem Hammerflügel zum modernen Konzertflügel zeigt.

Ein gut intoniertes Cembalo muss nicht laut, sondern schön klingen. Sein Klang war ja ursprünglich auch nicht für große moderne Konzertsäle, sondern für den vergleichsweise intimen Charakter eines Schlosses gedacht. Ein guter Intoneur wird hören, was er aus einem Instrument herausholen kann, ohne dass es zu „plärren" beginnt. Wenn irgend möglich verwende man zur Klangerzeugung historisch belegte Materialien, also Vogelfedern (am besten Rabenfedern) als Plektren für Cembali und Hirschleder für die Hammerköpfe historischer Hammerflügel. Scheitert das an deren Verfügbarkeit, so kann man als „zweitbeste Lösung" gleichwohl auf heute im Nachbau gebräuchliche Materialien (z. B. Delrin für die Plektren) zurückgreifen, da sich ein Instrument ja jederzeit später ohne Schaden wieder auf das historisch korrekte Material umrüsten lässt.

Trotz aller Warnungen und Vorbehalte, die es bei der Restaurierung eines Tasteninstruments zu berücksichtigen gilt, möge man diesen Artikel nicht als „Wald von Verbotstafeln" verstehen, sondern als einen „Navigator" auf einer zugegeben komplizierten Wegstrecke, die aber zu einem wunderbaren Ziel führt: Der Erhaltung des kulturellen Erbes, das unsere Vorfahren uns zu treuen Händen hinterlassen haben.

Literatur

(1) Donald H. Boalch, Makers of the Harpsichord and the Clavichord 1440–1840, 3rd ed., Oxford 1995

(2a) Martha Novak Clinkscale, Makers of the Piano 1700–1820, Oxford 1993

(2b) Martha Novak Clinkscale, Makers of the Piano 1820–1860, Oxford 1999

(3) Hubert Henkel, Lexikon deutscher Klavierbauer, Frankfurt 2000

(4) Malcolm Rose u. David Law, A Handbook of Historical Stringing Practise for Keyboard Instruments, Lewes, East Sussex 1991

(5) Alfons Huber, Saitendrahtsysteme im Wiener Klavierbau zwischen 1780 und 1880, Jahresschrift Salzburger Museum Carolino Augusteum 1988, S. 193–226

Festschrift Bund Deutscher Klavierbauer, 2008, S. 102–108

Europiano, Jahrg. 51, H. 3, 2011, S. 38–51

Susanne Berkemer und Markus Zepf (Hrsg.), Fritz Neumeyer und seine Sammlung, Freiburg 2014, S. 93–99

Fortschritt und Familientradition

Die Zeiten, da in Bamberg moderne Cembali in Großserie gefertigt wurden, sind lange vorbei. Verantwortlich für die Hinwendung zum Instrumentenbau nach historischen Vorbildern und dem damit verbundenen Imagewandel ist Wolf Dieter Neupert. Der studierte Physiker, Tonmeister und Cembalist lenkt seit 1973 die Geschicke des Traditionsunternehmens J. C. Neupert, das auf dem Gebiet des Cembalobaus im 20. Jahrhundert Weltgeltung erlangte und bis heute rund 20.000 Instrumente produzierte. Es gibt wohl keinen Cembalisten, der nicht schon einmal auf einem „Neupert" konzertiert hätte. Im vergangenen Jahr ist Wolf Dieter Neupert 70 Jahre alt geworden, das Unternehmen feiert in diesem Jahr sein 140. Gründungsjubiläum – doppelter Anlass für die Cembalistin und Hammerflügelspezialistin Rebecca Maurer, im Gespräch mit dem Firmenchef einmal die jüngere Geschichte des Cembalobaus, die ja in weiten Teilen auch eine Neupert-Familiengeschichte ist, zu rekapitulieren.

CONCERTO: Worin, würden Sie sagen, liegt das besondere Verdienst der Firma Neupert?

NEUPERT: Ich glaube, ein Hauptverdienst liegt darin, dass wir zur Wiedereingliederung der historischen Tasteninstrumente in das Musikleben des 20. Jahrhunderts beigetragen haben. Cembalo und Klavichord waren im 19. Jahrhundert mehr oder weniger vergessen. Erst die Renaissance des Cembalos, eingeleitet durch die Pariser Weltausstellung 1889, hat dazu geführt, dass diese Instrumente wieder gefragt waren.

CONCERTO: Eine Weltausstellung gab den Anstoß?

NEUPERT: Ja, es war dem Zeitgeist zu verdanken, dass die Ausstellung der neuen Cembali von Erard, Pleyel und Tomasini damals so große öffentliche Resonanz fand. Man war in der Spätromantik mit Wagner, Bruckner oder Mahler an einen Punkt gelangt, von dem aus eigentlich eine Weiterführung nicht mehr denkbar war. Es bedurfte neuer Wege, und so besann man sich im Geiste des Historismus wieder auf vergangene Werte. Die drei ausgestellten

Cembali enthielten übrigens schon den gesamten Konfliktstoff des Cembalobaus für das kommende Jahrhundert.

CONCERTO: Inwiefern?

NEUPERT: Die Cembali boten den besten Anschauungsunterricht für die Streitfrage, ob man künftig „Kopien" erhaltener Originalinstrumente oder Nachbauten im Sinne des vom Klavierbau bestimmten technischen Fortschritts fertigen sollte. Das Cembalo von Tomasini zum Beispiel war verhältnismäßig nahe an dem, was man heute als Kopie bezeichnen würde, während Pleyel sich in wesentlich stärkerem Maße an Klavierkonstruktionen des späten 19. Jahrhunderts orientierte, also Cembali baute, die man heute gemeinhin mit dem Schlagwort „Rasteninstrumente" belegt.

CONCERTO: Mit diesen Instrumenten in Rastenkonstruktion begann das Zeitalter jener Cembali, die von uns Jüngeren gern auch als „Panzer" oder „Schlachtschiffe" bezeichnet werden. Welchen Stellenwert besaßen diese Instrumente, die ja alles andere als „historisch" sind, für die Weiterentwicklung des Cembalobaus nach historischen Vorbildern?

NEUPERT: Zum Zeitpunkt der Weltausstellung war es ja zunächst völlig offen, welche Richtung sich künftig durchsetzen würde. Tatsächlich ging dann die Entscheidung welcher bautechnische Weg eingeschlagen werden sollte, letztendlich auf Wanda Landowska zurück, die Pionierin des Cembalospiels im 20. Jahrhundert. Sie war ausgebildete Pianistin und, kurz gesagt, auf der Suche nach einem Klavier mit vielen, schnell verfügbaren Farben – die bot ihr das Cembalo mit seinen Registriermöglichkeiten. Nach Besuchen in zahlreichen Museen fand sie dann auch "ihr" Instrument in dem zweimanualigen Cembalo von Hieronymus Albrecht Hass (Hamburg 1734), das in der Brüsseler Sammlung aufbewahrt wird. Dem Fortschrittsglauben ihrer Zeit verhaftet, forderte sie freilich von Pleyel ganz selbstverständlich einen Nachbau mit modernen Mitteln, also in Rastenbauweise, mit Pedalschaltung, moderner Klaviaturmensur und gusseisernem Rahmen.

CONCERTO: Interessanterweise spielt genau dieses originale Hass-Cembalo auch heute wieder eine wichtige Rolle…

NEUPERT: Tatsächlich wird es von einigen meiner Kollegen und auch von meiner Werkstatt wieder mit steigender Tendenz nachgebaut, vor allem im Hinblick auf die dank jüngerer Forschungsergebnisse nachgewiesene Verwendung des 16'-Registers durch Johann Sebastian Bach, und so zeigt sich im Cembalobau bei aller Gegensätzlichkeit auch eine Kontinuität – zwar nicht in der konkreten Erscheinungsform, aber doch in der Idee eines bestimmten und offenbar auch bestimmenden Cembalo-Vorbilds.

CONCERTO: Wie wirkten sich die Vorstellungen Landowskas auf die Renaissance des Cembalos aus?

NEUPERT: Ihr Konzept wirkte prägend auf die gesamte erste Hälfte des 20. Jahrhunderts, wenngleich zu Beginn der dreißiger Jahre unter dem Einfluss der Orgelbewegung und des Berliner „Bach-Cembalos" (Nr. 316 der dortigen Sammlung) zumindest der Gussrahmen und die moderne Klaviaturmensur aus dem Cembalobau verschwanden. Diese Bauweise aus heutiger Sicht zu verurteilen, ist billig. Sie war sehr hilfreich bei der Wiedereingliederung des Cembalos in unser Musikleben, weil sie eine – wenngleich auch organologisch unkorrekte – Verwandtschaft zum modernen Flügel spüren ließ und damit manchem Musiker den Wechsel vom vertrauten Klavier auf das „neue" Instrument erleichterte. Auch hat dieser Cembalotyp ja zahlreiche bedeutende Komponisten im 20. Jahrhundert zu gewichtigen Beiträgen angeregt und wird daher auch in Zukunft eine eigenständiges und für diese Musik authentisches Instrument bleiben.

CONCERTO: Klanglich hat man allerdings immer den Eindruck, eher ein Dreirad zu fahren als einen Panzer. Die Instrumente scheinen ja trotz ihrer Größe im Raum nicht sehr weit zu tragen.

NEUPERT: Es ist richtig, dass der Klangpegel bei einem Rastencembalo im Raum schneller abfällt als bei einer Kopie, das gehört sicherlich zu den Vorzügen einer Kopie. Aber es scheint mir zu kurz gegriffen, die Beurteilung eines Instruments an einem einzelnen Parameter festzumachen, noch dazu an der Lautstärke. Da liegt die Frage nahe, auf welchem Fahrzeug Sie sich denn fühlen, wenn Sie ein Klavichord spielen? In Konzerten der auf zeitgenössische Musik spezialisierten polnisch-französischen Cembalistin Elisabeth Chojnacka können Sie erleben, welche „Feuerkraft" – um in Ihrem Bild zu bleiben – so ein „Panzer" von Rastencembalo entwickeln kann.

CONCERTO: Eins zu null für Sie! Aber auch Sie haben ja schließlich die historische Bauweise übernommen, als sie 1973 in die Firma eintraten. Dennoch waren Sie nicht wenigen Anfeindungen seitens der historischen Aufführungspraxis ausgesetzt.

NEUPERT: In der Tat musste ich mich fast wie ein Aussätziger fühlen, als ich 1971 bei der Ausstellung in Brügge erstmals mit der „historischen" Cembalo-Szene näher in Berührung kam. Ich war ziemlich unbefangen aus der weltoffenen wissenschaftlichen Atmosphäre meines Berliner Lebens nach Brügge gekommen. Mein „Verbrechen" bestand zunächst ausschließlich darin, dass ich den Namen Neupert trug und gerade eine an der Technischen Universität Berlin abgeschlossene Arbeit über die Physik des Cembaloklangs veröffentlicht hatte. Das genügte für ein ausgeprägtes Feindbild. Einige verweigerten mir sogar den Handschlag. Ich fühlte mich ein wenig an die Meistersinger-Zunft erinnert, bei denen ja auch jeder, der sich nicht an ihre eng gefassten Regeln hielt, schnell „versungen und verspielt" hatte.

CONCERTO: Indem Sie sich nun aber zum Nachbau historischer Cembali bekannten, stellten Sie sich gegen die eigene Firmentradition. Bedeutete das nicht auch ein hartes Ringen mit sich selbst?

NEUPERT: Für mich war der Umstieg auf die historische Bauweise überhaupt kein Problem, im Gegenteil. Ich trat mit Vorfreude auf neue Aufgaben in den väterlichen Betrieb ein und empfand es als viel reizvoller, einen neuen, aufregenden und zugleich zwingend gebotenen Weg einzuschlagen, als einfach nur auf eingefahrenen Gleisen weiterzumachen. Aber ich muss meine Vorfahren auch etwas in Schutz nehmen. Es ist ja nicht so, als hätten sie nichts anderes gekannt. Die Alternative „Kopie" oder „Rastenbauweise" war über Jahrzehnte ein Diskussions- ja Konfliktstoff zwischen dem Bamberger und Nürnberger Zweig meiner Familie. Die Nürnberger, in deren Händen die Betreuung der Sammlung historischer Tasteninstrumente lag, drangen immer wieder mit der Hartnäckigkeit eines „Carthaginem esse delendam" darauf, Nachbauten historischer Instrumente zu fertigen. Letztendlich setzte sich dabei aber immer das für ein Wirtschaftsunternehmen ja nicht ganz unwichtige Bamberger Argument durch, dass „der Markt" die Cembali in moderner Bauweise wünsche und man damit ja auch großen Erfolg habe. Die Zeit war einfach für Kopien noch nicht reif.

CONCERTO: Der Firmengründer Johann Christoph Neupert legte auch den Grundstein für eine der bedeutendsten Sammlungen historischer Tasteninstrumente. Woher kamen diese Instrumente?

NEUPERT: Mein Urgroßvater hatte ein merkwürdiges Hobby: Wenn ein neues Klavier verkauft wurde, musste man meist vom Kunden ein altes Instrument vom Dachboden oder aus einer Scheune mitnehmen; die alten Instrumente wurden dann im Hof gestapelt und, wenn der Haufen groß genug war, einfach angezündet... Es gibt eine handgeschriebene Familienchronik, in der berichtet wird, dass meinem Urgroßvater „anlässlich des Verbrennens alter Klavichorde" die Erleuchtung kam – hier natürlich im doppelten Wortsinn – dass darunter doch eigentlich recht schöne Instrumente wären, die man auch sammeln könne. Aus diesem Hobby des Firmengründers entstand die Klavierhistorische Sammlung Neupert, die im Laufe der folgenden Jahrzehnte und Generationen auf über 300 Instrumente anwachsen sollte, unter ihnen mehrere Ruckers-Cembali, das älteste erhaltene Tafelklavier und das erste aufrechte Klavier – also das erste „Pianino" – der Welt und vieles andere mehr.

CONCERTO: 1968 kam die Sammlung ja dann ans Germanische Nationalmuseum Nürnberg – mit allen Instrumenten?

NEUPERT: Teile unserer Sammlung wurden schon in den vierziger Jahren an das Händel-Haus in Halle verkauft. Es kamen aber auch immer wieder Instrumente dazu, beispielsweise die Sammlung Helmholz aus Hannover. Das war so wie bei den Briemarkensammlern, die ja auch die eine oder andere Marke weggeben und dafür eine andere bekommen. Nach diesem Prinzip blieb auch unsere Sammlung lebendig. Gerade in der Kriegszeit war es vielen Leuten gar nicht möglich, ihre Instrumente zu behalten, sie wollten sie vor Bombenangriffen in Sicherheit bringen.

CONCERTO: Wie hat die Sammlung den Krieg überstanden?

NEUPERT: Die Sammlung war zwischen 1929 und 1943 in dem wunderbaren gotischen Haus „Zur Alten Waage" in Nürnberg untergebracht, wurde dann aber teilweise in die Oberpfalz, teilweise in die Türme der Nürnberger Stadtmauer ausgelagert. Sie galten als weitgehend sicher und waren es auch, bis auf einen, der dem verheerenden Bombardement vom 2. Januar 1945 nicht standgehalten hat. Da sind rund 40 Instrumente verlorengegangen, zum Glück allerdings keine Unikate.

CONCERTO: Wenn wir von Museumsinstrumenten sprechen: Wie stehen Sie eigentlich zu der alten Streitfrage "Konservieren oder Restaurieren"?

NEUPERT: Ich finde, bei dieser Frage muss es gar nicht unbedingt zu einem Streit kommen. Man sollte ein Instrument konservieren und nicht restaurieren, wenn es ein Unikat ist, da bei jeder Restaurierung Originalsubstanz verlorengeht bzw. Spuren verwischt werden. Auch sehr wertvolle Instrumente wie zum Beispiel den Hammerflügel von Gottfried Silbermann, auf dem Johann Sebastian Bach 1747 bei Friedrich dem Großen gespielt hat, sollte man konservieren und nicht restaurieren. Ein weiterer Grund für die Konservierung ist dann gegeben, wenn ein Instrument so zerstört ist, dass man es nur noch durch sehr große Verluste an Originalsubstanz oder Erneuerung wesentlicher Teile wieder spielbar machen kann. In solchen Fällen empfiehlt es sich, einen Nachbau anzufertigen. Aber in den übrigen Fällen sollte man doch restaurieren. Das sage ich auch im Hinblick auf die Museen, wo man sich nicht immer des Eindrucks erwehren kann, dass bei der Entscheidung zugunsten der Konservierung auch eine gewisse Bequemlichkeit mitspielt. Ich habe übrigens dazu gerade einen Aufsatz für die Festschrift „50 Jahre Bund Deutscher Klavierbauer" verfasst.

CONCERTO: Um noch einmal auf die vierziger Jahre zurückzukommen. Wie hat eigentlich die Firma selbst den Krieg überlebt?

NEUPERT: Ums Überleben ging es in der Tat! Die meisten Klavierfabriken wurden
ja bei Kriegsbeginn geschlossen, günstigstenfalls mussten sie Munitionskis-
ten fertigen oder gar Särge wie z. B. Steinway. Neupert rettete sich davor in
Schwejk'scher Manier: Adolf Hitler hatte die Absicht, sich in seiner österrei-
chischen Heimat Linz ein monumentales Museum zu errichten, und dort-
hin sollte auch ein Neupert-Cembalo kommen. Also erhielten wir kurz vor
Kriegsbeginn einen sogenannten Führerauftrag zur Fertigung eines besonders dekorativen Cembalos. Als dann unsere Leute an die Front sollten, ver-
wiesen meine Vorfahren immer wieder erfolgreich auf den „Führerauftrag",
gegen den kein örtlicher Nazi-Funktionär etwas zu unternehmen wagte. An
diesem Cembalo wurde während des gesamten Krieges gebaut – fertig wurde
es nie. So konnte die Firma zumindest einen Teil ihrer Mitarbeiter vor dem
Fronteinsatz bewahren. Noch 1978 wurde Neupert freilich von Hitlers ehe-
maligem Rüstungsminister Albert Speer ob dieser Sabotage „gerüffelt" – aber
das ist dann schon die kurioseste Episode der Firmengeschichte.

CONCERTO: Sie sind diplomierter Physiker, Mathematiker, Tonmeister – und
Musiker. Ihre Ausbildung spricht eher für ein anderes Berufsziel als das, einmal die Firma zu übernehmen.

NEUPERT: Eigentlich wollte ich schon als Schüler nie die Vorstellung akzeptieren,
dass ich nur zur Fortsetzung der Firmentradition auf die Welt gebracht worden sein sollte. So ging ich nach dem Abitur zunächst meine eigenen Wege, um
in München Physik und Mathematik zu studieren, wechselte aber dann bald
nach Berlin, weil dort die unmittelbare räumliche Nachbarschaft von Technischer Universität und Hochschule für Musik ein zusätzliches Musikstudium
ermöglichte. Nach diversen Examina an beiden Hochschulen arbeitete ich als
Physiker an der TU Berlin und hatte einen Lehrauftrag für Mathematik an
der Fachhochschule für Wirtschaft. Mein Lebensweg im Elfenbeinturm der
Wissenschaft schien vorgezeichnet. Aber als sich mein Vater aus dem Berufsleben zurückzog, nahm er mich dann doch in die Familienpflicht mit dem
Satz: „Physiker und Mathematiker, die Deine Aufgaben erfüllen können, gibt
es zu Tausenden – aber die Firma weiterführen kannst nur Du".

CONCERTO: Haben Sie jemals selbst ein Cembalo gebaut?

NEUPERT: Ein Cembalo von A bis Z selbst gebaut hat niemand jemals aus unserer
Familie. Warum auch? Ein Architekt wird ja auch nicht hergehen, die Bau-
grube ausheben und ein Haus selbst zu mauern beginnen. Wichtig ist die
Kenntnis und Beherrschung der Fertigungsmethoden, der Materialeigenschaften, der historischen Vorbilder, wie man ein bestimmtes bautechnisches
oder klangästhetisches Ziel bestmöglich erreicht. Dazu habe ich genügend
Praktika absolviert, bis hin zu einer halbjährigen Schlosserlehre. Wenn man
aber selbst tage- oder wochenlang zum Beispiel Saitenösen dreht oder Sprin-

ger auf Maß hobelt, verschenkt man meines Erachtens zu viel Kreativpotential.

CONCERTO: Wie läuft die Herstellung im Manufakturbetrieb ab?

NEUPERT: Jeder Mitarbeiter kennt im Grundsatz alle Arbeitsgänge des Instrumentenbaus, hat sich aber auf eine Teilarbeit spezialisiert, die ihm besonders liegt. So wandert das Instrument von Hand zu Hand bis zu seiner Fertigstellung. Dabei ist übrigens wie von selbst die Einhaltung eines Qualitätsstandards gesichert, weil jeder Mitarbeiter die Kritik seines nachfolgenden Kollegen scheut. Natürlich muss es dabei – und hier bin ich gefordert – eine klare Zielvorgabe für jeden Arbeitsplatz und für das angestrebte Endresultat geben. Nach diesem Prinzip hat übrigens schon die Antwerpener Cembalo-Dynastie der Ruckers – im Cembalobau das Maß aller Dinge – gearbeitet. Um nicht missverstanden zu werden: Ich habe großen Respekt vor jedem Cembalobauer, der sich die Zeit nimmt, ein Instrument von Anfang bis Ende selbst zu bauen. Aber mein Weg ist das nicht.

CONCERTO: Als ausübender Musiker, der Sie ja auch sind, haben Sie über zwei Jahrzehnte im Münchener Bachchor unter Karl Richter gesungen und waren lange Zeit als Cembalist in mehreren Kammermusikensembles der Bamberger Symphoniker tätig. Hätte Sie eine Laufbahn als professioneller Musiker nie gereizt?

NEUPERT: Das eigene Musizieren ist mir Lebenselixier, ohne das ich wahrscheinlich gar nicht sein könnte. Ich hatte vor allem als Chorsänger das Glück, mit den berühmtesten Künstlern auf der Bühne zu stehen. In den 20 Jahren, in denen ich Cembalist in diversen Kammermusik-Ensembles der Bamberger Symphoniker war, kam ich mir immer vor wie ein Straßenfußballer, der plötzlich Bundesliga spielen darf. Es war für mich jeweils eine gehörige Herausforderung. Aber Berufsmusiker? Nein, das wäre nichts für mich gewesen. Dazu fehlte mir die ausgesprochene „Berufung". Ich habe es immer sehr genossen, dass ich dann spielen konnte, wenn ich spielen wollte, und nicht dann, wenn ich spielen musste.

CONCERTO: Fühlen sie sich heute noch manchmal so wie Anfang der siebziger Jahre? Gibt es diese Vorbehalte gegen den Namen Neupert und auch gegen sie persönlich noch?

NEUPERT: Ich empfinde heute eigentlich kein Defizit an Anerkennung. Kein Cembalobauer kann freilich erwarten, dass er „everybody's darling" ist. Der Grund liegt ja schon allein darin, dass es kein objektives Gütekriterium dafür gibt, was ein schöner Klang ist, ja dass selbst subjektive Kriterien einem zeitlichen und territorialen Wandel unterliegen. Und macht den Cembalobau und erst recht natürlich das Cembalospiel nicht erst die Tatsache interessant, dass es ein so breites Spektrum gelungener Ergebnisse gibt? Wenn mir irgendwo

Vorbehalte begegnen, versuche ich, soweit mir das gelingt, zu trennen zwischen blanker Animosität und sachlich begründeter Kritik, die ja durchaus
hilfreich und erwünscht ist. Da halte ich es dann mit meinem Berliner Lehrer
Hans Heinz Stuckenschmidt, der einem seiner wichtigsten Bücher die Zueig-
nung voranstellte: „Meinen Gegnern in Dankbarkeit gewidmet".

Concerto Nr. 222, Oktober/November 2008, S. 22–24

Cembalo oder moderner Flügel

Über die Frage, ob die Klaviermusik Johann Sebastian Bachs auf dem modernen Flügel oder auf dem Cembalo zu spielen sei, erhob sich in den Jahren nach 1900 ein Streit, der von den musikwissenschaftlichen Kapazitäten der Zeit mit Leidenschaft ausgetragen wurde. Freilich wurde die Frage damals und bis heute nicht eindeutig beantwortet, ja bei den Kontrahenten trat mangels neuer Argumente im Laufe der Zeit eine gewisse Ermattung ein und die Frage verschwand allmählich ungelöst im Hintergrund. Jeder hielt es damit so, wie's ihm recht schien.

Gäbe es nicht offenbar zwischen Geisteswissenschaften und Musikern einerseits und den modernen Naturwissenschaften anderseits gelegentlich gewisse Berührungsängste, dann hätte man die vor allem um die Mitte des 20. Jahrhunderts gewonnenen akustischen, hörphysiologischen und hörpsychologischen Erkenntnisse einbeziehen können, die einen wesentlichen Beitrag zur Lösung unserer Frage leisten.

Die Frage „Cembalo oder moderner Flügel" wurde erstmals auf breiter Basis aktuell, als die auf der Pariser Weltausstellung von 1889 gezeigten drei Neubauten von Cembali die Renaissance des Instruments einleiteten.

Um das Aufkommen der Fragestellung in Deutschland zu verstehen, empfiehlt es sich, kurz auf die Anfänge des Cembalobaus in Deutschland um 1900 einzugehen. Der erste aus dieser Zeit nachweisbare Bau eines Cembalos in Deutschland war 1899 der Nachbau des Cembalos Nr. 316 der Berliner Sammlung, des sogenannten Bach-Cembalos, durch den Berliner Klavierbauer Wilhelm Hirl.[1]

Zu diesem Nachbau sei eine kleine Anmerkung gestattet: Obwohl ein Museumsinstrument nachgebaut wurde und daher eine besondere Sensibilität gegenüber der historischen Bauweise des Originals zu erwarten gewesen wäre, war schon dieses erste Cembalo dem Zeitgeist entsprechend wie selbstverständlich nach den zwischenzeitlich im Klavierbau gewonnenen, als eindeutig fortschrittlich angesehenen Bauprinzipien gefertigt, mit einem klavierbaumäßig verstärk-

---

1 Martin Elste, Musikmaschinen. Cembali im 20. Jahrhundert. Kielklaviere, Bestandskatalog Staatliches Institut für Musikforschung Preußischer Kulturbesitz, Berlin 1991, S. 250.

ten Resonanzboden, zeitgemäßen Registrierhilfen und einem massiven Eisen-
rahmen.

Wir müssen uns darüber im Klaren sein, dass damals ein strenger Nachbau
eines historischen Cembalos nach unseren heutigen Maßstäben ein so absurder
Gedanke war, dass man ihn nicht einmal erwog.

Es muss in Deutschland zu Beginn des 20. Jahrhunderts aber auch eine ganze
Reihe weiterer, uns heute nicht mehr gegenwärtiger Hersteller von Cembali
gegeben haben, denn nur so ist es zu erklären, dass der Dresdener Musikwissenschaftler und Pianist Richard Buchmayer in seiner Brandrede gegen das Cembalo auf dem 4. Deutschen Bachfest 1908 in Chemnitz konstatieren konnte: „Wo
immer jetzt historische Konzerte unternommen werden, da prangt im Vordergrund das Cembalo als sichtbares Pfand der historischen Treue oder mindestens
der loyalen historischen Gesinnung."[2]

Als ältester Versuch, einen kommerziellen Cembalobau in Deutschland
zu betreiben, lassen sich bisher die von Johannes Rehbock, dem Inhaber einer
damals in Duisburg und bis heute in Düsseldorf bestehenden Musikalienhand-
lung, gebauten Instrumente nachweisen, die bereits 1902 im Konzertbetrieb eingesetzt wurden.[3] Rehbock erhielt 1902 ein Patent auf die von ihm erdachte Cem-
balo-Mechanik.[4] Erhalten ist von Johannes Rehbock ein 1902 oder kurz danach
gebautes einmanualiges Cembalo, das im Historischen Museum Basel (Inv.-Nr.
1957.546) aufbewahrt wird. Rehbock orientierte sich bei seiner Cembalo-Mecha-
nik offenbar an der im 19. Jahrhundert relativ weit verbreiteten, die Tradition
des Cembalos in gewisser Weise im Geiste des 19. Jahrhunderts weiterführenden
Klavierharfe. Diese Klavierharfe besaß eine relativ komplizierte Mechanik, da
zum Anzupfen der Saiten der „Springer" als Ganzes herangezogen wurde, diese
Springer also keinen beweglichen, die Mechanik entscheidend vereinfachenden
Kielträger besaßen, wie er für das historische Cembalo selbstverständlich ist.

Die Rehbockschen Cembali konnten auf Dauer nicht reüssieren, zumal die
führende Cembalistin Wanda Landowska, wenn sie in Deutschland konzer-
tierte, mit ihrem Pleyel-Cembalo ein wesentlich besseres Instrument vorführte.
Die damals zu den führenden Klavierfabriken zählende Firma Ibach in Barmen
kaufte die Rehbocksche Cembalokonstruktion und sein Patent auf und baute
daraufhin einige Jahre ein „Ibachord", dem allerdings auch kein dauerhafter
Erfolg beschieden war.

Aber auch andere deutsche Klavierfirmen nahmen sich offenbar schon früh
des Cembalos an. So ist in der Zeitschrift für Instrumentenbau zu lesen, dass die

---

2 Richard Buchmayer, Cembalo oder Pianoforte? Bach-Jahrbuch 1908, S. 64–93.
3 Zeitschrift für Instrumentenbau, Ein Clavicembalo moderner Konstruktion von Johannes Rehbock in Duisburg, 23, 1903, S. 267–269.
4 Rehbock in Duisburg, Klavierzither mit an den Tasten drehbar gelagerten Anreißern. Kaiserli-
   ches Patentamt, Patentschrift Nr. 136455, 21. Januar 1902.

Münchner Cembalistin Elfriede Schunk 1906 Konzerte auf einem zweimanualigen Cembalo der Firma Berdux gab.[5] Von der inzwischen erloschenen Klavierfabrik Berdux ist kein Cembalo erhalten.

Im Jahre 1906 traten dann heute in der Geschichte des Cembalobaus vertraute
Namen ins Blickfeld mit der Firma Maendler-Schramm in München und der
Firma J. C. Neupert in Bamberg.

1909 stellte Carl Anton Pfeiffer in Stuttgart in seiner Klavierfabrik gefertigte
Nachbauten des legendären Cembalos Nr. 316 der Berliner Sammlung vor. Er
hatte sich dafür sogar das Original aus Berlin nach Stuttgart ausgeliehen.

1910 baute George Steingraeber in Berlin sein erstes von später insgesamt sieben Cembali.

Diese bis jetzt bekannten Neubauten von Cembali im ersten Jahrzehnt des
20. Jahrhunderts in Deutschland dürften aber nicht ausgereicht haben, um Buchmayer zu seiner oben zitierten Bemerkung zu bringen. Es bietet sich also für Interessenten als dankbares Forschungsgebiet die Suche nach weiteren deutschen
Cembalobauern zu Beginn des 20. Jahrhunderts an.

Welcher Geisteshaltung das Cembalo beim Versuch seiner Wiedereingliederung in das Musikleben in Deutschland gegenüberstand, mögen zwei Zitate
belegen: So sagte Carl Krebs, Professor an der Berliner Hochschule für Musik, ein
Schüler Philipp Spittas, in seiner Kaisergeburtstagsrede 1902 – so etwas gab es –
vor der Königlichen Akademie der Künste in Berlin: „Stünden Händel und Bach
und Palestrina aus dem Grabe auf und würfen uns vor: ihr führt unsere Musik
falsch auf, so müssten wir ihnen antworten: falsch für euch, richtig für uns."[6]

Und Max Seiffert, der damals in Deutschland als der beste Kenner der Musik
zwischen 1600 und 1750 angesehen wurde, schrieb im Bach-Jahrbuch 1904: „Lassen wir die alten unbeholfenen und unvollkommenen Instrumente ruhen, wir
haben die besseren."[7]

In diesem geistigen Umfeld traten nun der Baseler Musikwissenschaftler Karl
Nef als leidenschaftlicher Verfechter für die Wiedereingliederung des Cembalos
auf und als sein Antipode der schon erwähnte Dresdener Richard Buchmayer,
der für ein zeitgemäßes Spiel der Alten Musik auf dem modernen Flügel eintrat.

Als erster an die Öffentlichkeit ging Karl Nef 1903 mit seinem Artikel „Clavicymbel und Clavichord" im Jahrbuch der Musikbibliothek Peters[8] – ein Bach-
Jahrbuch gab es ja 1903 noch nicht. Nef argumentierte zunächst ganz allgemein,
dass das Cembalo das wichtigste besaitete Tasteninstrument des Barocks gewesen sei und damit für die Aufführung aller Musik für Tasteninstrumente in erster
Linie in Frage komme. Dabei bezog er sich insbesondere auf Johann Joachim

5   Zeitschrift für Instrumentenbau 26, 1906, S. 94.
6   Max Seiffert, Praktische Bearbeitungen Bachscher Kompositionen. Bach-Jahrbuch 1904, S. 51.
7   dito, S. 55.
8   Karl Nef, Clavicymbel und Clavichord. Jahrbuch der Musikbibliothek Peters, 1903, S. 15–30.

Quantz, der 1752 in seinem „Versuch einer Anweisung die Flöte traversiere zu spielen" ja auch ausführlich zum Spiel auf dem die Flöte begleitenden Tasteninstrument, nämlich dem Cembalo, Stellung genommen hatte.[9]

Für Nefs Strategie war dieser Bezug wichtig, weil die Gegner des Cembalos stets argumentierten, viele Werke der Zeit seien für das Klavichord geschrieben, und dann weiter folgerten, der legitime moderne Nachfolger des ja auch Laut-Leise-Spiel ermöglichenden Klavichords sei der moderne Flügel.

Quantz diente Nef auch als Beleg dafür, dass auch auf dem Cembalo zumindest ein Bewusstmachen dynamischer Unterschiede möglich sei, und zwar „durch stärkeres Schlagen" gegenüber einer „Mäßigung des Anschlags". Schließlich gedenkt Quantz – ganz im Sinne Nefs – ausdrücklich der Bachschen Kunst des Cembalospiels und beschreibt sogar dessen Fingertechnik. Hingegen gibt es kein einziges Zeugnis, das Johann Sebastian Bach zu seinen Lebzeiten im Zusammenhang mit dem Klavichord erwähnt.

Die Betonung dieser Tatsache ist für Nef wichtig, weil die Bach-Biographie Nikolaus Forkels von 1802 das Gegenteil konstatiert.[10] Dort heißt es: „Am liebsten spielte Bach auf dem Clavichord. Die sogenannten Flügel – gemeint sind Cembali – waren ihm doch zu seelenlos und die Pianoforte waren bei seinem Leben noch zu sehr in ihrer Entstehung."

Nef sagte hierzu – und er hat dabei die Unterstützung eines so erwiesenen Kenners wie Philipp Spitta – dass in Forkels 52 Jahre nach Bachs Tod geschriebener Bach-Biographie Einiges durcheinandergeraten sei. Unstreitig war die zweite Hälfte des 18. Jahrhunderts eine Blütezeit des Klavichords und Carl Philipp Emanuel Bach ihr herausragender Befürworter. Forkel war mit C. Ph. E. Bach befreundet und habe seine bzw. C. Ph. E. Bachs Vorlieben – aus welchem Grund auch immer, jedenfalls nicht wissenschaftlich belegbar – auf Johann Sebastian Bach übertragen.

Des Weiteren führt Nef zugunsten des Cembalos als das von Bach für seine Klaviermusik gedachte Instrument an:

1. In Bachs Nachlass gab es zwar fünf Cembali und ein Spinett, aber kein einziges Klavichord.
2. Bachs „Wohltemperiertes Klavier" sei eindeutig für das Cembalo und nicht für das Klavichord gedacht, weil es in der ersten Hälfte des 18. Jahrhunderts erst sehr wenige bundfreie Klavichorde gab und man auf einem gebundenen Klavichord prinzipiell nicht wohltemperiert spielen könne.
3. Schließlich führt Nef noch ein Zitat Spittas an, dass das Wohltemperierte Klavier wohl nicht für das Klavichord gedacht sein könnte: „... auch enthält Bachs ‚Wohltemperiertes Klavier' zu wuchtige, aus der erhabenen

---

9   Johann Joachim Quantz, Versuch einer Anweisung die Flöte traversiere zu spielen. Berlin 1752.
10 Nikolaus Forkel, Über Johann Sebastian Bachs Leben, Kunst und Kunstwerke. Leipzig 1802, S. 17.

Alpenwelt des Orgelreichs herabgebrachte Gedanken, als dass man sie einem so zarten Instrument wie dem Clavichord anvertrauen dürfe."

Richard Buchmayer, der Antipode Nefs, trug sein mit großer Emphase verfasstes Plädoyer gegen das Cembalo und für den modernen Flügel den Mitgliedern der Neuen Bachgesellschaft auf dem Bachfest 1908 in Chemnitz vor. Sein Vortrag wurde im Bach-Jahrbuch des gleichen Jahres veröffentlicht.

Buchmayers Argumentation gegen das Cembalo ist dabei nach folgender Strategie angelegt: Bachs Klavierwerke sind in erster Linie für das Klavichord komponiert, denn das Cembalo erlaubt nach Buchmayers Ansicht „keinerlei Modifikation des Klangs durch verschiedenen Fingeranschlag".

Nachdem er so Bachs Klavierwerke dem Klavichord zugeordnet hat, folgert er weiter, dass das Klavichord wegen seiner geringen Lautstärke heute nicht mehr zeitgemäß sei. An seine Stelle sei der moderne Flügel getreten, der allein in der Lage sei, die Ausdrucksskala des Klavichords dem heutigen Publikum zu vermitteln.

Als ersten Bezug beruft sich Buchmayer auf Johann Mattheson, also einen Zeitgenossen J. S. Bachs. Mattheson schreibt 1713 in seinem „Neueröffneten Orchester": „Ouverturen, Sonaten, Tokkaten, Suiten etc. werden am besten und reichlichsten auf einem guten Clavichorde herausgebracht, wo man die Singart viel deutlicher mit Aushalten und Adoucieren ausdrücken kann, denn auf den allzeit gleichstark nachklingenden Flügeln und Epinetten."

Erstaunlich ist dabei, dass Mattheson mit seiner Aufzählung „Ouverturen, Sonaten, Tokkaten Suiten etc." gerade Werke dem Klavichord zuordnet, die man doch am ehesten als Cembalomusik ansieht.

Buchmayer weiter: Mattheson war ein streitbarer Geist. Hätte seine Ansicht Widerspruch gefunden, hätte er bestimmt darauf reagiert. Es gab aber keinen Widerspruch zu seiner Ansicht.

Mit Johann Kuhnau führt Buchmayer einen weiteren Zeitgenossen J. S. Bachs, seinen Vorgänger im Thomas-Kantorat, ins Feld. 1717 berichtet Kuhnau in einem bei Mattheson wiedergegebenen, an ihn adressierten Brief von einem Konzert im Jahre 1697, in dem ein Graf Logi als Lautenist, Pantaleon Hebenstreit an seinem Pantalon und Kuhnau am Klavichord in einer Art Wettstreit auftraten. Kuhnaus Resümee des Konzerts:

„Ich tat auch, was ich auf meinem Clavicordio vermochte und war schon damals mit dem Orchester (er meint damit Matthesons erwähnte Schrift „Neu-eröffnetes Orchester") in diesem Stücke einerlei Meinung, dass eine solches, obgleich stilles Instrument der Probe und guten Expression der Harmonie auf dem Klaviere am besten diene".

Matthesons Kommentar zu Kuhnaus Worten: „Es merke sich dieses, der die befiederten Instrumente den Clavicordiis vorziehen will".

Ein weiteres gewichtiges Argument ist für Buchmayer der von Bachs Schüler Johann Friedrich Agricola und Carl Philipp Emanuel Bach gemeinsam verfasste und in Mizlers „Musikalischer Bibliothek" 1754 erschienene Nekrolog über Johann Sebastian Bach.[11] Dort ist für viele Kompositionen , darunter beide Bände des Wohltemperierten Klaviers, die Toccaten, die Englischen Suiten und die Französischen Suiten angegeben „fürs Klavier", nicht etwa nur „für Klavier", so dass man eindeutig auf das Klavichord schließen könne, zumal die Aufteilung der Bachschen Kompositionen in dem Nekrolog in solche „für das Klavizymbel" bzw. „fürs Klavier" erfolgt.

Beide Parteien konnten sich ja den zu so vielen Zweifeln in der Beantwortung musikhistorischer Fragen führenden, damals mehrdeutigen Gebrauch des Wortes „Klavier" zu Nutze machen. Die Anhänger Karl Nefs verstanden „Klavier" als die allgemeine Bezeichnung für Tasteninstrument, Buchmayer hingegen als die Bezeichnung für das Klavichord, wie sie in der ersten Hälfte des 18. Jahrhunderts aufkam und sich in dessen zweiter Hälfte dann fest einbürgerte.

Schließlich beruft sich Buchmayer noch auf Carl Philipp Emanuel Bach, der bezeugt hat, dass er ebenso wie sein älterer Bruder Friedemann in jungen Jahren von seinem Vater am Klavichord unterrichtet wurde. Daraus folge eindeutig, dass das Klavierbüchlein für Friedemann aus dem Jahre 1720 für das Klavichord geschrieben sein muss. In diesem Klavierbüchlein stehen unmittelbar hinter den ersten Übungsstücken elf Präludien aus dem späteren Wohltemperierten Klavier und fast sämtliche Inventionen und Sinfonien. Was liege näher, als dass auch diese späteren Bachschen Sammlungen von Klavierwerken für das Klavichord bestimmt waren?

Buchmayers Fazit bildet wieder ein Zitat Philipp Spittas: „Erst ein Instrument, das die Klangfülle der Orgel mit der Ausdrucksfähigkeit des Klavichords in richtigen Verhältnissen vereinigte, war im Stande, dem Erscheinung zu geben, was in des Meisters Phantasie erklang, wenn er für das Klavier komponierte. Dass unser moderner Flügel dieses Instrument ist, sieht ein jeder".

Wie stellte sich nun die ausübende Musik zu den von Nef und Buchmayer vertretenen gegensätzlichen Ansichten? Musiker sind ja oft emotionsgesteuerte Menschen; sie sind nicht der wissenschaftlichen Objektivität verpflichtet. Entscheidend war, wie die führende Künstlerin der Zeit, Wanda Landowska, sich zu der Frage stellte. Sie bezog dabei ihre Autorität nicht nur aus ihrer überragenden Künstlerschaft, sondern auch aus der Tatsache, dass sie ursprünglich vom Klavier kam, für Klavier und Cembalo also gleichermaßen absolute Kompetenz für sich in Anspruch nehmen konnte.

Wanda Landowska war und blieb eindeutige Verfechterin des Cembalos. Wenn ihr ein Streitgespräch mit Gegnern des Cembalos zu lästig wurde, konnte

---

11 Lorenz Mizler, Musikalische Bibliothek IV/ 1. Leipzig 1754, S. 158–176.

sie es durchaus mit den Worten beenden: „Spielen Sie ruhig Bachs Musik, wie Sie sie verstehen, und ich spiele sie weiterhin, wie er sie versteht".

Und sie ging noch weiter in die Offensive: Auf dem Kleinen Bachfest in Eisenach 1911 veranstaltete sie einen Wettstreit, bei dem dieselben Werke Johann Sebastian Bachs, nämlich die „Chromatische Fantasie" und das „Capriccio über die Abreise des geliebten Bruders" nacheinander auf Cembalo und modernem Flügel erklangen. Eindeutige Siegerin wurde dabei nach Ansicht des Publikums Wanda Landowska am Cembalo.

Aber die Anhänger des modernen Flügels wollten den Erfolg für das Cembalo auch jetzt nicht eingestehen. Sie argumentierten, der Erfolg habe seine Ursache nur darin, dass das künstlerische Potential Wanda Landowskas am Cembalo entschieden höher war als das ihrer Konkurrenten am Flügel, da der eigentlich vorgesehene Georg Schumann sich im letzten Moment als indisponiert erklärte und durch die Herren Fritz von Bose und Bruno Hinze-Reinhold ersetzt werden musste.

Da kein Konsens zwischen der Pro-Cembalo-Partei und den Anhängern des modernen Flügels zu erreichen war, blieb die Frage, auf welchem Tasteninstrument die Werke J. S. Bachs aus musikwissenschaftlicher Sicht zu spielen seien, offen. Jede Partei pflegte ihre Dogmen, und so verlief die Diskussion der Frage im Laufe der Jahre im Sande. Zwar wurde das Thema sporadisch immer wieder einmal in den Bach-Jahrbüchern aufgegriffen,[12] allerdings ohne dass entscheidende neue Argumente hinzugekommen wären. Allenfalls verschob sich die Fragestellung ein wenig zugunsten des Cembalos in die Richtung, ob die barocke Klaviermusik auch auf dem modernen Flügel adäquat wiedergegeben werden könne.

Im Grunde ist das auch im öffentlichen Bewusstsein bis heute so geblieben. Sie werden wohl keinen Anhänger der Klavieraufnahmen Glen Goulds von Bachs Goldberg-Variationen davon überzeugen können, dass die Aufnahmen des gleichen Werks auf dem Cembalo, etwa von Andreas Staier, vorzuziehen sind und umgekehrt.

Wenn die Fragestellung heute trotzdem wieder aufgenommen wird, dann weil – wie bereits eingangs erwähnt – bislang versäumt wurde, in die Diskussion die im letzten halben Jahrhundert gewonnenen akustischen, hörphysiologischen

---

12 Siehe hierzu in folgenden Bach-Jahrbüchern:
   1909   Karl Nef, J. S. Bachs Verhältnis zu den Klavierinstrumenten, S. 12-26.
   1949/50   Hans Hering, Die Dynamik in Joh. Seb. Bachs Klaviermusik, S. 65-80.
   1951/52   Willibald Gurlitt, Das historische Klangbild im Werke Joh. Seb. Bachs, S. 16-29.
   1967   Werner Neumann, Probleme der Aufführungspraxis im Spiegel der Geschichte der Neuen Bachgesellschaft, S. 100–120.
   1972   Peter Schmiedel, Zum Gebrauch des Cembalos und des Klaviers bei der heutigen Interpretation Bachscher Werke, S. 95–103.
   1993   Hans Eppstein, Joh. Seb. Bach und das Hammerklavier, S. 81–92.

und hörpsychologischen Forschungsergebnisse mit einzubeziehen. Sie leisten weiterführende Beiträge zur Klärung unserer Frage.

Lassen Sie mich zunächst berichten, um welche naturwissenschaftlichen Erkenntnisse es sich handelt und dann darauf eingehen, welche Prämissen erfüllt sein müssen, um die Zweifel der Anhänger des modernen Flügels an der uneingeschränkten Eignung des Cembalos für die Wiedergabe barocker Klaviermusik zu widerlegen. Es sind dies drei Erkenntnisse:

1. Schon 1940 haben F. Trendelenburg, E. Thienhaus und E. Franz messtechnisch nachgewiesen[13], dass beim Cembalo ein Lautstärke- unterschied erzielt werden kann, je nachdem ob man die Taste stark und schnell oder zart und langsam anschlägt.

   1941 machte Hans-Heinz Draeger[14] diesen Lautstärkeunterschied verständlich an Hand einer Modellvorstellung von der Auslenkung der Saite durch das Plektrum des Cembalos. Damit war der messtechnische Beleg erbracht für den bereits erwähnten Hinweis von Quantz aus dem Jahre 1752, dass auf dem Cembalo ein wahrnehmbarer Lautstärkeunterschied zu erzielen sei durch „stärkeres Schlagen" gegenüber der „Mäßigung des Anschlags".

   Es steht dem Cembalisten also eine Möglichkeit zur Verfügung allein mit dem Anschlag dynamische Unterschiede hörbar zu machen. Aber ist diese prinzipielle, wenn auch geringe Möglichkeit ausreichend, um die dynamischen Intentionen des Komponisten verständlich zu machen? Lassen Sie mich dazu einen Vergleich aus dem Alltag anführen:

   Stellen Sie sich ein Streitgespräch zwischen zwei Diskutanten vor. Haben beide z. B. in einem Punkt Einverständnis gefunden, dann kann das der Eine seinem Gegenüber mit einem Augenzwinkern oder leichtem Kopfnicken signalisieren oder aber im affirmativen Stentorton mit den Worten „Ja, da sind wir einer Meinung". Der dabei übermittelte Informationsgehalt ist in beiden Fällen der gleiche. Genauso verhält es sich mit der Übermittlung des Parameters Dynamik einmal durch das Cembalo uns einmal durch den modernen Flügel.

2. Eine weitere psychoakustisch nachweisbare Möglichkeit zur Darstellung dynamischer Abstufungen ist die Tondauer. Jeder gute Cembalist weiß, dass er einen Ton, der laut gedacht ist, bewusst machen kann, indem er ihn so lange wie musikalisch irgendwie vertretbar aushält, während er leise zu interpretierende Töne möglichst kurz spielen wird.

13   F. Trendelenburg, E. Thienhaus und E. Franz, Zur Klangwirkung von Klavichord, Cembalo und Flügel. Akustische Zeitschrift 5, H. 6, 1940, S. 309–323.
14   Hans-Heinz Draeger, Anschlagmöglichkeiten beim Cembalo, Archiv für Musikforschung 6, 1941, S. 223–228.

Die hörphysiologischen und hörpsychologischen Forschungen, vor allem durch Georg von Békésy[15], bestätigen dies auch messtechnisch. Es zeigt sich, dass ein Ton für das menschliche Ohr in der Zeitspanne von 15 ms bis 500 ms umso lauter wirkt, je länger er andauert. Das menschliche Ohr bildet, mathematisch ausgedrückt, in diesem Zeitraum das Zeitintegral des auftreffenden Schalldrucks und leitet daraus die empfundene Lautstärke ab.

15 ms ist dabei die Zeitschwelle, die benötigt wird, um ein Signal überhaupt als Ton zu erkennen.[16] Dauert ein Ton länger als 500 ms an, dann kommt es zu keiner Steigerung der empfundenen Lautstärke mehr, ja ein noch länger anhaltender Ton ermüdet das Ohr und führt damit sogar wieder zu einer Abnahme der empfundenen Lautstärke.

Es kommt unserem Anliegen entgegen, dass in der Cembalomusik ein Großteil der Töne gerade in den Tondauerbereich bis 500 ms fällt. Der Cembalist hat somit ein weiteres Werkzeug in der Hand, sein Spiel dynamisch zu differenzieren, indem er für jeden Ton die richtige Dauer wählt, mit anderen Worten, indem er richtig phrasiert.

Auf die bekannte, natürlich auch eine Rolle spielende Tatsache, dass die Cembalo-Komponisten schon von sich aus dynamische Veränderungen in ihren Werken durch Verdichtung oder Ausdünnung des Tonsatzes vorsahen, wird in diesem Zusammenhang nicht weiter eingegangen, weil es sich hier um eine „Materialeigenschaft" und nicht um ein interpretatorisches Problem handelt.

3. Wir haben noch ein weiteres physikalisches Gesetz, das uns die Wahrnehmung dynamischer Lautstärkeunterschiede im Cembaloklang erleichtert, nämlich das Weber-Fechnersche Gesetz. Es besagt ganz allgemein, dass die menschliche Empfindung dem Logarithmus des angebotenen Reizes proportional ist.

Aus dem Verlauf der Kurve, die die Empfindung als Logarithmus des Reizes darstellt, sieht man, dass die Kurve anfangs, also für schwache Signale, einen relativ starken, beinahe 45° betragenden Anstieg aufweist, während sie für stärkere Signale alsbald in einen nur noch schwach ansteigenden, beinahe waagrechten Verlauf übergeht. Die dynamischen Unterschiede schwacher Klangsignale – und dazu gehört unser Cembaloklang – werden infolgedessen beim Hörer deutlicher wahrgenommen, wo hingegen ein Pianist, der sich von *ff* ins *fff* steigern will – und damit in den beinahe waagrechten Bereich unserer logarithmischen Kurve gerät

15 Georg von Békésy, Experiments in Hearing, New York 1960.
16 Juan G. Roederer, Physikalische und psychoakustische Grundlagen der Musik. 2. Auflage, Berlin-Heidelberg-New York 1977, S. 98 f.

– enorme Energie aufwenden muss, um dem Hörer seine Absicht zu verdeutlichen.

Wir haben somit drei unumstößliche naturwissenschaftliche Tatsachen, aus denen hervorgeht, dass das Cembalospiel dynamische Schattierungen erlaubt und der Hörer in der Lage ist, sie wahrzunehmen. Richard Buchmayers bereits zitierter grundlegender Satz: „Das Cembalo erlaubt bekanntlich keinerlei Modifikation des Klangs durch verschiedenen Fingeranschlag" ist damit widerlegt und seiner Argumentation gegen das Cembalo die Basis entzogen.

Für das Wirksamwerden der soeben erörterten akustischen Tatbestände müssen freilich gewisse Prämissen gegeben sein, denen wir uns im Folgenden widmen wollen. Es ist dabei mit einiger Gewissheit anzunehmen, dass nicht alle diese Prämissen zu Buchmayers Zeit erfüllt waren, was seine Ablehnung des Cembalos vielleicht etwas verständlicher macht.

Erläutert werden sollen die Prämissen anhand des nachrichtentechnischen Schemas der Kette Sender – übertragendes Medium – Empfänger.

Der Sender ist in unserem Falle das Cembalo. Hier gibt es zwei sich ganz selbstverständlich anhörende, jedoch unabdingbare Voraussetzungen für die vollgültige Wiedergabe barocker Klaviermusik.

1. Es muss ein sehr gutes originales oder nachgebautes Cembalo zur Verfügung stehen. Schließlich besteht ja kein Zweifel, dass es gerade in der ersten Hälfte des 20. Jahrhunderts weit verbreitet Cembali gab, die man als schlecht schallgedämmte Nähmaschinen ansehen bzw. anhören musste, und es sind ja genügend bissige bis nicht jugendfreie Kommentare aus Musikerkreisen zu derartigen Cembali überliefert.

2. Wir sind dabei auch gleich bei der zweiten Prämisse, nämlich dass für das Instrument auch ein erstklassiger Cembalist zur Verfügung stehen muss, der unter anderem die oben angegebenen spieltechnischen Feinheiten des Cembalospiels voll beherrscht.

Auch für die Übertragung des Cembaloklangs vom Sender zum Empfänger sind die zu erfüllenden Prämissen sehr plausibel. Der Saal, in dem das Cembalo gespielt wird, muss in seinen räumlichen Dimensionen und seinen akustischen Eigenschaften dem Instrument gerecht werden. Das war in der Barockzeit eigentlich fast immer von selbst gegeben, weil in Schlössern und Kirchen musiziert wurde. Wir dürfen uns nichts versprechen von einem Cembalo-Recital in einer der für großes Orchester und ca. 2000 Besucher und mehr ausgelegten heutigen Konzerthallen. Hier wird ein Teil des Cembaloklangs mit seinem Pegel schon unter die Hörschwelle fallen, bevor er beim Zuhörer angekommen ist.

Man sieht daraus, wie heikel es ist, auch nur einen Parameter der historischen Aufführungspraxis, hier die Saalgröße, zu verändern, wenn man zu einem stimmigen Ergebnis kommen möchte.

Eine weitere, beinahe selbstverständliche Prämisse für das übertragende Medium ist natürlich, dass der im Saal gegebene Geräuschpegel, sei es durch Einwirkung von außen oder durch Eigengeräusche des Publikums oder der Saaltechnik, genügend niedrig gehalten werden kann.

Bleiben uns noch die Prämissen, die der Empfänger, also der Hörer, erfüllen muss. Bei ihm ist sicherlich neben Sensibilität und Aufmerksamkeit auch eine gewisse Hörerfahrung und musikalische Vorbildung erforderlich. Man stelle sich das vor wie bei einem gesprochenen Vortrag: Nur wer selbst die Sprache des Vortragenden spricht, vom Thema des Vortags etwas versteht und konzentriert zuhört, wird mitbekommen, was der Redner ihm sagen will.

Dasselbe gilt für den Hörer eines Cembalokonzerts. Man darf oder muss von ihm im Sinne einer Formulierung Thomas Manns „sinnliches Interesse und geistige Aufmerksamkeit" verlangen.

Lassen Sie mich zusammenfassen: Die Erfüllung der genannten Prämissen ist Voraussetzung dafür, dass der Cembalist mit seiner Interpretation den Hörer störungsfrei erreicht. Sind sie gegeben, dann ist aber dank der angeführten akustischen Tatsachen auch gewährleistet, dass das Cembalo dem Hörer den musikalischen Gehalt einer Komposition voll vermittelt.

Das Fazit meines Referats, dass der moderne Flügel für die Wiedergabe der Barockmusik nicht erforderlich ist, weil gegenüber dem Cembalo sein Alleinvertretungsanspruch für die Wiedergabe von Dynamik nicht zutrifft, beruht bisher „nur" auf naturwissenschaftlichen Erkenntnissen. Ich höre schon das Argument aus Musikerkreisen „Naturwissenschaften sind das eine, Musik bedient sich aber auch anderer, für die Naturwissenschaften nicht fassbarer Felder". Gestatten Sie mir daher zum Abschluss – sozusagen als musikalischen Beleg – von einem konkreten, persönlichen musikalischen Erlebnis zu berichten.

Vor vielen Jahren, genauer gesagt 1982, hatte ich das Glück, den Pianisten Vladimir Horowitz live in einem Konzert zu hören. Er spielte dabei eine seiner Lieblingssonaten, die Sonate h-Moll K. 87 von Domenico Scarlatti, ein – wie jeder bestätigen wird, der die Sonate kennt – Wunderwerk an hintergründiger Melancholie und dabei höfischer Eleganz. Horowitz spielte die emotionalen Verästelungen dieser Sonate so unendlich differenziert auf seinem Steinway, dass man sich einfach nicht vorstellen konnte und mochte, irgendjemand könne ihm das auf dem Flügel oder gar auf dem Cembalo gleichtun.

Überall, wo ich anschließend diese Sonate hörte, sei es auf dem Klavier oder dem Cembalo, im Konzert oder von der CD, fühlte ich mich in diesem Eindruck bestätigt. Bis Gustav Leonhardt diese Sonate als Zugabe in seinem Cembalo-Recital 2001 in Brügge spielte. Als er die Sonate anfing, dachte ich noch, was tut er sich da an, sich dem Vergleich mit Horowitz auszusetzen, aber mein Vorurteil wurde völlig beiseitegeschoben. Ich traute meinen Ohren nicht, in wie feiner Art es auf dem Cembalo – natürlich dank der Kunst Gustav Leonhardts und seines hervorragenden Instruments – möglich war, den musikalischen Kosmos dieser Sonate auf gleicher Stufe wie Horowitz auf dem Cembalo wiederzugeben. Es war für mich so etwas wie ein Saulus-Paulus-Erlebnis zugunsten des Cembalos und ich möchte wünschen, dass Viele von Ihnen über ähnliche Erlebnisse berichten könnten.

Mein Resümee in der Frage „Cembalo oder moderner Flügel" lautet somit: Ein guter Pianist ist auf dem modernen Flügel in der Lage, den musikalischen Gehalt barocker Klaviermusik adäquat wiederzugeben, freilich im Sinne einer Transkription mit der Barockzeit fremden Mitteln. Seine Werk-Interpretation führt jedoch nicht über das hinaus, was hervorragende Künstler unter den angegeben Prämissen auch auf dem Cembalo aus dieser Musik herausholen können.

Am kürzesten lässt sich das Fazit vielleicht in der wunderbar klaren Sprache der Mathematik formulieren: Das moderne Klavierinstrument ist hinreichend, aber nicht notwendig für die Wiedergabe Alter Musik.

Cembalo, Clavecin, Harpsichord. Regionale Traditionen des Cembalobaus,
Symposium Herne 2010, S. 185–196

Cembalomusik des 20. Jahrhunderts

Die Wiederentdeckung des Cembalos Ende des 19. Jahrhunderts verlief parallel mit einem Umbruch in der Musik – weg von klangüppigen romantischen Partituren und hin zu einfachen, im Zuge des Historismus auch am Überkommenen interessierten musikalischen Formen, die sich unter den Begriffen Neoklassik und Neobarock etablierten. Sie bezogen konsequenterweise auch das Cembalo wieder in ihr Instrumentarium ein.

Dabei musste man sich freilich erst einmal an die Einsatzmöglichkeiten und die ästhetische Wirkung des Cembalos herantasten. Als ein typisches Beispiel hierfür ist die Bearbeitung von J. S. Bachs Orchestersuite h-Moll BWV 1067 durch Gustav Mahler anzusehen. Mahler verwandelte mit der von ihm gewählten Besetzung das Werk in einen musikalischen Koloss. Das Continuo überließ er dabei nicht allein dem Cembalo, sondern fügte noch Orgel und modernen Flügel hinzu, da er offenbar der Klangstärke des Cembalos nicht so recht traute.

Eine erste Cembalo-Komposition, die wahrscheinlich stilbildend gewirkt hätte, blieb der Musikwelt bedauerlicherweise vorenthalten. Claude Debussy hatte 1915 sechs kammermusikalische Kompositionen angekündigt. Nur drei von ihnen konnte er vor seinem Tod 1918 fertigstellen. Auf der dritten findet sich sein handschriftlicher Vermerk: „La quatrième sera pour hautbois, cor et clavecin" („Die Vierte wird für Oboe, Horn und Cembalo sein").

So wurde das 1926 von dem Spanier Manuel da Falla für die Grande Dame des Cembalospiels, Wanda Landowska, und ihr Pleyel-Cembalo geschriebene Konzert für Cembalo und 5 Soloinstrumente die erste bedeutendere, dem wiederentdeckten Instrument gewidmete Komposition. 1929 folgte das alsbald sehr populäre Concert Champêtre des Franzosen Francis Poulenc.

Die in Deutschland meistbeachtete Komposition für Cembalo war das 1935 entstandene Cembalokonzert von Hugo Distler. Obwohl Distler in einem an Jugendbewegung und Orgelreform orientierten neobarocken Stil komponierte, musste er sich nach der Uraufführung bei aller Zustimmung auch die Kritik der Nazi-Presse gefallen lassen, die das Werk als „kulturbolschewistisch" bezeichnete.

Das wiederentdeckte Cembalo hatte aber natürlich auch die Aufgabe, die ihm gewidmete Musik des 16. bis 18. Jahrhunderts vom modernen Klavier wieder für sich zurückzugewinnen. Die Frage „Cembalo oder moderner Flügel" für die Wiedergabe Alter Musik führte dabei seit Beginn des Jahrhunderts zu intensiv ausgetragenen Fehden unter Musikern und Musikwissenschaftlern.[1] Eine gewisse Vorentscheidung in der Frage brachte Wanda Landowskas auf dem Eisenacher Bachfest 1911 inszenierter Wettstreit, bei dem in einem Konzert die gleichen Werke nacheinander auf Cembalo und modernem Flügel vorgetragen wurden. Nach der überlieferten Reaktion des Publikums ging der Wettstreit eindeutig zu Gunsten des Cembalos aus.

Auch für einen so prominenten Musiker wie den Leipziger Thomaskantor Günther Ramin ist in der von seiner Frau verfassten Biographie[2] festgehalten, wie er das Cembalo für sich „entdeckte". Es war vorgesehen, dass Günther Ramin bei dem Händel-Fest 1925 in Leipzig einen Abend mit Händelscher Klaviermusik bestreiten sollte. Charlotte Ramin schreibt dazu: „Daraufhin reisten wir nach Bamberg, wo damals der alte, sehr verdienstvolle Neupert nach historischen Modellen Cembali baute und tatsächlich versprach, zum Händelfest eines davon nach Leipzig zu schicken. Vierzehn Tage vor dem Konzert traf es ein und ich erinnere mich gut der Faszination mit der Ramin täglich viele Stunden das Instrument spielte; es war eine Offenbarung, wie plötzlich die bis dahin farblose Musik durch die vielfältigen Möglichkeiten der Registrierung Leben und Schönheit gewann... Ramin selbst – glücklich über diese Bereicherung – konnte sich nicht entschließen, das geliehene Instrument nach Bamberg zurückzusenden. Neupert überließ es ihm."

Um die Anbindung des „alten" Cembalos an die zeitgenössische Musik besonders bemüht war auch die Baseler Cembalistin Antoinette Vischer (1909 – 1973). Jeden Komponisten, der ihr in ihrem ausgedehnten Bekanntenkreis begegnete, verpflichtete sie mit unwiderstehlichem Charme, eine Komposition für Cembalo zu schreiben. So konnte sie ihrem Instrument an die 50, ihr gewidmete neue Kompositionen zuführen, von so berühmten Namen wie Luciano Berio, Duke Ellington, Hans Werner Henze, György Ligeti, Mauricio Kagel und Bohuslav Martinu.[3]

Es ist nicht möglich, auf die überraschend große Zahl an Cembalokompositionen des 20. Jahrhunderts hier im Einzelnen einzugehen. Dokumentiert hat sie Frances Bedford in einem eindrucksvoll voluminösen Buch.[4] Beispielhaft erwähnt für die Zeit des ersten Nachkriegsjahrzehnts seien das „Insectarium"

---

1   Siehe im vorliegenden Band das Kapitel „Cembalo oder moderner Flügel", S. 131 ff.
2   Charlotte Ramin, Günther Ramin, Freiburg 1958, S. 51 f.
3   Elisabeth Reisinger, „Chimes on the Rhine", Performers as Patrons of New Music, 26/09/2021.
4   Frances Bedford, Harpsichord and Clavichord Music of the Twentieth Century, Berkeley, 1993.

für Cembalo solo des Franzosen Jean Francaix (1953) sowie das „Concerto pour clavecin" (1952) des Schweizers Frank Martin.

Eine überragende Interpretin fand die zeitgenössische Cembalomusik in der aus Polen stammenden, in Paris wirkenden Cembalistin Elzbieta Chojnacka (1939–2017). Ihre Konzerte waren „Events", die auch vor schrillen optischen Inszenierungen und elektronischer Klangverstärkung nicht zurückschreckten, beim Publikum jedoch stets Begeisterungsstürme hervorriefen. Die wohl zu den bedeutendsten Kompositionen des 20. Jahrhunderts für Cembalo solo gehörenden Werke „Continuum" und „Hungarian Rock" von György Ligeti sowie „Khoaï" von Iannis Xenakis fanden in ihr eine ideale Interpretin und verhalfen diesen Werken zu einem verhältnismäßig hohen Bekanntheitsgrad. Ihre Zusammenarbeit mit György Ligeti und Iannis Xenakis bei der Entstehung der neuen Kompositionen hat Elzbieta Chojnacka in ihrem Buch „Le Clavecin Autrement"[5] eindrucksvoll dokumentiert.

Als eine instrumententypische Gemeinsamkeit in den Cembalo-Kompositionen des 20. Jahrhunderts lässt sich erkennen, dass alle Komponisten sich an dem hochpräzisen, bisweilen mit einer gewissen Schärfe ausgestatteten Klangbild des modernen Cembalos orientierten. Das steigerte sich im Laufe des Jahrhunderts bis hin zu Iannis Xenakis, in dessen Kompositionen für Cembalo und Schlagzeug „Komboï" (1981) und „Oophaa" (1989) das Cembalo geradezu den Charakter eines Perkussionsinstruments annimmt. Es erscheint mithin beinahe als selbstverständlich, dass alle bedeutenden Cembalokompositionen des 20. Jahrhunderts für das moderne „Rastencembalo" geschrieben sind, wie es – aus Anleihen des modernen Klavierbaues entstanden – der allgemeinen Vorstellung von einem Cembalo in den ersten 60 Jahren des vergangenen Jahrhunderts entsprach. Charakteristika dieses Cembalotyps sind neben dem bereits erwähnten Klangbild die zahlreichen Klangfarben, die über pedaliter zu bedienende Register zur Verfügung stehen.

Dem gegenüber standen in der zweiten Hälfte des Jahrhunderts die streng nach erhaltenen historischen Vorbildern nachgebauten, unter dem Schlagwort „Kopien" aufgekommenen Cembali, die sich in Klangbild und Spielart von den Rastencembali grundlegend unterscheiden und deren Aufgabe es wurde, ganz andere Facetten des Cembaloklangs wieder zu erwecken. Die Cembali in historischer Bauweise riefen ins Gedächtnis zurück, dass die verschiedenen Europäischen Kulturländer nicht nur eine jeweils eigenständige Musik entwickelt hatten, sondern sie auch mit landesspezifischen Mitteln zum Klingen brachten. Hatten bisher etwa die bassbetonten Cembalo-Kompositionen der Franzosen Jacques Duphly oder Jean-Baptiste Forqueray auf einem modernen Cembalo so spröde geklungen, dass man sie erst gar nicht aufführte, so konnten sie jetzt mit den

---

5   Elzbieta Chojnacka, Le Clavecin Autrement, decouverte & passion, Paris, 2008

weichen, runden Bässen der Nachbauten französischer Cembali des 18. Jahrhunderts ihre volle klangliche Pracht entfalten. Ähnliches ließe sich über italienische oder flämische Musik der Zeit und ihr zugehöriges Instrumentarium sagen.

Will man ein Fazit ziehen, so lässt sich feststellen, dass das im 19. Jahrhundert vergessene Cembalo im 20. Jahrhundert als Zwillingspaar zweier unterschiedlicher Instrumententypen wieder auferstanden ist und unser Musikleben damit auf besonders breiter Basis zu bereichern vermag.

Die historischen Tasteninstrumente
im Spiegel zeitgenössischer Musik

Hier und heute stehe ich dafür, Ihnen etwas über Geschichte und Bau der historischen Tasteninstrumente zu berichten. Aber wenn dies das einzige Anliegen wäre, dann hätte der Abend auch ganz einfach in meinen Firmenräumen in der Zeppelinstraße stattfinden können. Heute geht es hier aber um mehr. Dank der Initiative Paul Engels und der bereitwilligen Mitwirkung von Mitgliedern unserer Bamberger Symphoniker wollen wir zeigen, dass die historischen Tasteninstrumente nicht etwa nur an eine bestimmte Epoche der Kulturgeschichte gebundene musikalische Preziositäten sind, sondern sich über alle Epochen der Aufgabe stellen, den Geist der jeweiligen Zeit auszudrücken.

Und welcher Rahmen wäre geeigneter für ein solches Anliegen als die der Avantgarde verpflichtete Aura des Bamberger Internationalen Künstlerhauses!

Um Ihnen näher zu erläutern, welcher Gefährdung die Rolle der historischen Tasteninstrumente in unserem Musikleben ausgesetzt ist, darf ich Ihnen über folgende, in ihren Auswirkungen weitreichende Episode berichten: Seit dem Ende der 1960er-Jahre des vorigen Jahrhunderts hatte sich das im belgischen Brügge im Drei-Jahres-Rhythmus stattfindende Festival Alter Musik zu einer Art Olympischer Spiele des Cembalos entwickelt. An sonst keinem Ort der Welt kamen jeweils so viele Cembalobauer zur Ausstellung ihrer Instrumente zusammen wie dort. Kein anderer Cembalo-Wettbewerb weltweit hatte eine größere Bedeutung für die weitere Karriere der teilnehmenden Cembalisten. Nirgends gab es für einen Cembalo-Wettbewerb eine als kompetenter angesehene Jury als die in Brügge unter dem Niederländer Gustav Leonhardt als Juryvorsitzenden, dem amtierenden „Gottvater der Cembalisten".

Bei dem Cembalo-Wettbewerb in Brügge ereignete sich 1977 nun folgendes: Man hatte offenbar die von mir eingangs angesprochene Gefahr des Verharrens im allein Historischen erkannt und den Kandidaten ein zeitgenössisches Pflichtstück auferlegt – György Ligetis geniale Cembalokomposition „Continuum" aus dem Jahr 1968. Für die im Geist von Brügge erzogene junge Cembalisten-Generation, die es liebte, noch die entlegensten historischen Quellen heranzuziehen, wenn es z. B. um die bestimmte Ausführung einer musikalischen Verzierung ging, war das eine harte Kost.

So stand denn auch einer der Kandidaten, nachdem er Ligetis „Continuum" im Wettbewerb pflichtschuldigst bewältigt hatte, vom Cembalo auf, nahm die Noten und zerriss sie coram publico. Er erntete dafür donnernden Applaus und – noch schlimmer – wurde Preisträger des Wettbewerbs, bald darauf gar Professor an einem deutschen Konservatorium. In das Wettbewerbsprogramm wurde in Brügge fürderhin keine zeitgenössische Cembalokomposition mehr aufgenommen.

Damit hat sich die damals und in weitem Maße bis heute tonangebende Cembaloszene von der weiteren musikgeschichtlichen Entwicklung abgekoppelt – Musik als Ausdruck ihrer Zeit wurde für sie ein Fremdwort – man schloss das Tor zum eigenen Blumengärtchen und ergötzte sich künftig einzig an Werken, die dem Zeitgefühl und der musikalischen Ästhetik der Renaissance und des Barocks entsprachen. Die historische Aufführungspraxis geriet auf den Weg sich selbst genug zu sein.

Zum Glück gab und gibt es aber Pioniere wie Paul Engel, weiterdenkende Musiker, die diese Isolation aufbrechen, das Spiel auf historischen Tasteninstrumenten als zeitgemäßes musikalisches Ausdrucksmittel verstehen und diesen Instrumenten damit ihre Lebendigkeit und Lebensberechtigung erhalten.

Paul Engel steht hierbei in einer Tradition gleichgesinnter Musiker, von denen ich kurz berichten möchte. Schon vor 50 Jahren scharte die Schweizer Cembalistin Antoinette Vischer einen Kreis avantgardistischer Musiker um sich. Sie war es auch, die Ligeti zu seinen Cembalokompositionen anregte. Einer ihrer Schüler, George Gruntz, wurde zum Vorreiter für den Einsatz des Cembalos im modernen Jazz.

Das Klavichord als Instrument unserer Zeit entdeckten insbesondere der Jazz-Pianist Keith Jarrett und natürlich der Pianist Friedrich Gulda, dessen Bamberger Klavichord-Konzert, bei dem er nahtlos aus einem Präludium Joh. Seb. Bachs in eine Jazzimprovisation überwechselte, vielleicht dem einen oder anderen Bamberger noch als unvergessliches Konzerterlebnis in Erinnerung ist.

Eine exzellente Cembalistin, die sich heute beinahe ausschließlich zeitgenössischer Cembalomusik widmet, ist die Polin Elizabeth Chojnacka, die Sie vor einigen Jahren ja auch einmal mit einem furiosen Konzert in Bamberg erleben durften und die bei ihrem Auftritt in Darmstadt, wie ich aus eigenem Augenschein bezeugen kann, erreichte, was ich nie vorher oder hinterher jemals wieder erlebt habe, nämlich dass die Leute vor Begeisterung auf die Stühle stiegen, weil ihnen standing ovations allein nicht mehr genug erschienen.

Ein weiteres hier zu erwähnendes Highlight war 2010 das Konzert des Bamberger Vereins für Neue Musik mit dem Cembalisten Moritz Ernst. Zeitgenössische Musik auf historischen Tasteninstrumenten kann sehr enthusiasmierend sein und ich bin froh und dankbar, dass wir heute Abend in Paul Engel einen Künstler haben, der die eben geschilderte Tradition in kompetenter Weise fortzuführen versteht.

Doch jetzt erst einmal zu den vier historischen Tasteninstrumenten aus meinen Werkstätten, die Sie hier sehen. Genauer müsste ich eigentlich sagen „besaitete historische Tasteninstrumente", denn z. B. mit der Orgel, die ja auch ein historisches Tasteninstrument ist – und noch dazu das älteste - befassen wir uns heute nicht.

Beginnen wir mit dem Klavichord, dem zartesten und sensibelsten unter den historischen Tasteninstrumenten. Der Name Klavichord setzt sich zusammen aus den lateinischen Wörtern clavis = Taste und corda = Saite. In seiner heutigen Erscheinungsform ist es zu Beginn der Renaissance etwa um 1400 entstanden. Bis heute weiß man nicht genau, wo und von wem das erste Klavichord gebaut wurde. Man vermutet in Burgund, das ja in der Renaissance über ein Jahrhundert Zentrum der europäischen Kultur war.

Die Ursprünge des Klavichords führen freilich viel weiter in die Geschichte zurück. Um 500 vor Christus erfand der griechische Philosoph Pythagoras – Ihnen zumindest aus der Schulmathematik sicherlich noch ein Begriff - ein Musikinstrument, das sogenannte Monochord. Der Name leitet sich ab von monos = eins und corda = Saite. Es handelt sich also um einen Einsaiter.

Pythagoras benötigte das Monochord, um den Zusammenhang zwischen Saitenlänge und Tonhöhe zu erforschen. Dazu hatte sein Monochord einen beweglichen Steg, der unter der Saite an jede beliebige Stelle verschoben werden konnte und so die Länge des jeweils klingenden Saitenteils festlegte. Dass bei Verkürzung der Saitenlänge der Ton höher klingt, hätten wir vielleicht alle auch herausgefunden ohne griechische Philosophen zu sein. Die Entdeckung des Pythagoras ging aber weiter. Er stellte fest, dass zwei Töne dann besonders harmonisch und angenehm zusammenklingen, wenn ihre zugehörigen Saitenlängen im Verhältnis möglichst niedriger ganzer Zahlen stehen, also 1:1 die Prim, das in unserem Bewusstsein reinste Intervall, dann 1:2 die Oktave, 2:3 die Quinte, 3:4 die Quarte usw. Pythagoras schuf damit die Grundlage unseres abendländischen Tonsystems.

Nun war es natürlich außerordentlich mühsam auf einem Monochord zu musizieren, wenn man für jeden Ton den beweglichen Steg erst an die entsprechende Stelle verschieben musste. Ein fetziges Presto ließ sich damit nicht verwirklichen. Man kam also als nächstes auf die Idee, mehrere Saiten parallel aufzuspannen und bei jeder Saite den zunächst verschiebbaren Steg fest an einer Stelle zu belassen, so dass jeder Saite genau ein Ton zugeordnet war. Aus dem Monochord wurde so ein Polychord (griechisch polys = viel). Um zu unserem Klavichord zu kommen, bedurfte es jetzt nur noch der Mechanisierung der Saitenanregung. Und das geschah durch die Hinzuziehung von Tasten. Die Taste war ein seit langem von der Orgel her bekanntes Bauelement. Und so wird wohl um1400 vielleicht ein findiger Mönch auf die Idee gekommen sein, die Saitenanregung beim Klavichord über Tasten zu bewirken. Wie das aussah, zeigt Ihnen das Modell einer Klavichord-Mechanik: Unter den Saiten wird eine Klaviatur angebracht. Am hinteren Ende jeder Taste ist ein Messingplättchen, die sogenannte Tangente befestigt. Diese Tangente berührt die jeweils darüber liegende Saite an genau der Stelle, an der beim ursprünglichen Monochord der bewegliche Steg positioniert war. Der Tangente wird damit eine doppelte Aufgabe zugewiesen. Einmal teilt sie die Saite in der gewünschten Länge ab und zum anderen regt sie bei ihrem Kontakt mit der Saite, dem lat. „tangere" = berühren, die Saite zur Schwingung an.

Natürlich ist es der physikalisch ungünstigste Punkt, eine Saite gerade dort zur Schwingung anzuregen, wo sie an sich fest auf einem Endpunkt aufliegt – Sie alle wissen, dass man bei einer Saite dann die größte Schwingungsamplitude erreicht, wenn man sie genau in der Mitte zwischen den Endpunkten auslenkt – und deshalb ist das Klavichord auch ein so tonzartes Instrument. Aber das macht gerade seinen Reiz aus!

Um Sie auf das Instrument besser einzustimmen, sollte ich daher jetzt meine Stimme senken und nur noch flüstern. Das hat folgenden Grund: Sie alle kennen die Erscheinung, dass Sie, wenn Sie aus dem Hellen in einen dunklen Raum kommen, zunächst gar nichts sehen. Erst allmählich gewöhnt sich das Auge an die Dunkelheit, es adaptiert sich an die gegebenen Verhältnisse, wie man sagt. Die gleiche Adaptation gibt es auch für das menschliche Ohr. Wenn Sie – frei von Umweltgeräuschen – einige Minuten eine Klangquelle mit niedrigem Schallpegel, in diesem Falle das Klavichord hören, dann wird Ihr Ohr dafür sensibilisiert, es werden Ihnen, wie man sprichwörtlich sagt, „die Ohren aufgehen" und es wird sich für Sie der ganze Reiz der Musik entfalten, ohne dass es dazu einer dröhnenden Verstärkeranlage bedarf.

Diese Fähigkeit des Klavichords zu sensiblem Musizieren war ja auch der Grund dafür, dass Joh. Seb. Bach seinen Schülern vor allem das Klavichordspiel empfahl, um – wie er sagte – „die kantable Art des Musizierens" zu erlernen.

Über Jahrhunderte war das Klavichord das Instrument, mit dem die Komponisten ihre Werke bei der Entstehung in zarter Zwiesprache voraushören konnten. Noch W. A. Mozart hat seine „Zauberflöte" an einem Klavichord komponiert. Und bis heute ist das Klavichord das Instrument, an dem man nach des Tages Mühen und vor allem auch nach 22 Uhr musizieren kann, ohne sich und die Nachbarn der Klangwucht eines modernen Flügels auszusetzen.

Ich bitte Sie nun, auf einen Auftrittsapplaus für Paul Engel zu verzichten, damit die inzwischen schon erreichte Adaptation Ihrer Ohren nicht wieder aufgehoben wird.

Lassen Sie mich noch zwei Ergänzungen zum Klavichord machen: Das Klavichord ist das einzige Tasteninstrument, bei dem man den Ton nach Niederdrücken der Taste noch beeinflussen kann. Man nennt dieses, durch variablen Fingerdruck von oben nach unten erzeugte Frequenzvibrato, die „Bebung". Sie ist ein nur dem Klavichord verfügbares Stilmittel, um dem Ton eines Tasteninstruments lebendig zu machen.

Zum anderen hat das Klavichord eine größere Dynamik – also den Lautstärkeunterschied zwischen leisest- und lautestmöglichem Ton – als man zunächst vermuten mag, wie Sie hören, wenn ich Ihnen den leisestmöglichen und lautestmöglichen Ton auf einer Taste vorspiele.

Damit sind wir aber auch gleich bei den nächsten historischen Tasteninstrumenten, den sogenannten Kielinstrumenten, die hier mit einem Spinett und einem Cembalo vertreten sind. Bei der Abwägung der „Vorteile" bzw. „Nachteile" der Kielinstrumente gegenüber dem Klavichord wird man feststellen, dass bei den Kielinstrumenten der Ton immer in der gleichen Lautstärke erklingt, egal ob man die Taste schwach oder stark anschlägt. Aber man gewinnt auch einen „Vorteil", nämlich den gegenüber dem Klavichord lauteren Klang.

Die Bezeichnung Kielinstrumente für Spinett und Cembalo kommt daher, dass bei beiden Instrumenten die Saiten in gleicher Art angezupft werden, und zwar früher von einem Vogelkiel – meist einem Rabenkiel. Das ging so lange gut, bis die Raben knapp wurden und so verwendete man schließlich auch Lederplektren oder setzt heute Kunststoffe zum Anzupfen der Saiten ein, die in ihrem elastischen Verhalten den Rabenkielen möglichst ähnlich sind, gegenüber den Vogelfedern aber noch den Vorteil haben, nicht so leicht abzubrechen wie diese.

Das erinnert an Nikolaus Forkel, den ersten Biographen Joh. Seb. Bachs, der schrieb, dass Bach die Konzertpausen stets damit verbrachte, abgebrochene Kiele an seinem Cembalo selbst zu ersetzen, weil ihm das – wie es bei Forkel heißt – „niemand zu Gefallen tun konnte". Diese Bemerkung macht uns aber auch bewusst, dass die Ausformung der Kiele bzw. Plektren, das sogenannte Intonieren, ganz entscheidend ist für die Klangqualität der Kielinstrumente.

Auch das Cembalo hat eine dem Klavichord im zeitlichen Ablauf sehr verwandte Geschichte. Seine heutige Erscheinungsform entwickelte sich ebenfalls in der Renaissance um das Jahr 1400. Der älteste schriftliche Beleg eines Cembalos ist ein Brief aus dem Jahr 1397, in dem der Österreicher Hermann Poll als Erfinder des Cembalos genannt wird. Poll konnte sich freilich nur kurz in der Rolle des genialen Erfinders sonnen, denn schon 1401 endete er in Nürnberg am Galgen, weil er in einen Giftanschlag auf den Kaiser verwickelt gewesen sein soll.

In ihrer Entstehung gehen die Kielinstrumente viel weiter zurück bis in vorchristliche Zeiten in Mesopotamien, das Zweistromland, das Gebiet des heutigen Irak. Es gab dort ein Instrument, das die Genealogen als Kastenzither einordnen und das folgendes Aussehen hat: Stellen Sie sich einen flachen, nur wenige Zentimeter hohen trapezförmigen Hohlkörper vor, auf dessen Oberseite zwei Stege angebracht sind, über die links und rechts befestigte Saiten verlaufen. Dieses Instrument hieß in Mesopotamien Quanun, später verbreitete es sich unter verschiedenen Namen in der ganzen Welt. Nach China kam es z.B. über die Seidenstraße unter dem Namen Yangtsing, was so viel heißt wie „fremdes Instrument". Als Santir bezeichnet, wurde es von den Arabern nach Europa gebracht.

Es gibt zwei Möglichkeiten, auf ihm Klänge zu erzeugen. Einmal durch Schlagen der Saiten mit Klöppeln, es bekam in Europa dafür den Namen Tympanon, später dann Cymbalum – die Wurzel für das bis heute vor allem auf dem Balkan gespielte Cymbal. In unseren Breiten wird das Instrument meist als Hackbrett bezeichnet.

Diese Kastenzither lässt sich aber auch durch Anzupfen der Saiten zum Klingen bringen. Man verwendet dazu das hakenförmig ausgebildete entgegengesetzte Ende der Klöppel. In dieser Funktion ist es bei uns unter dem Namen Psalterium bekannt. Und damit sind wir schon bei einem gezupften Saiteninstrument, das dann – ebenso wie beim Klavichord beschrieben – durch Hinzufügen einer Klaviatur in der Renaissance mechanisiert wurde und so zum Erscheinungsbild des Cembalos bzw. des Spinetts führte.

Jetzt schulde ich Ihnen noch die Erläuterung des Unterschieds zwischen Spinett und Cembalo. Zunächst das Wichtigste: Cembalo und Spinett haben genau den gleichen Mechanismus zur Erzeugung des Klangs, nämlich durch Anzupfen einer Saite mittels Tastendrucks. Aber in ihrer äußeren Form sind sie, wie man sieht, zwei völlig unterschiedliche Instrumente. Beim Cembalo laufen die Saiten parallel zu den Tasten, sodass sich die vogelflügelartige Form des Instrumentenkorpus ergibt, die dazu geführt hat, dass man im Barock das Cembalo schlichtweg als Flügel bezeichnete. Beim Spinett hingegen verlaufen die Saiten abgewinkelt zu den Tasten; der ursprüngliche Cembalokorpus ist gewissermaßen verkleinert und um einen bestimmten Winkel nach rechts verdreht gegenüber den Tasten. Es ergibt sich eine näherungsweise dreieckige Form des Instrumentenkorpus – oder etwas fachbezogener ausgedrückt: der Korpus hat die Form einer liegenden Harfe.

Hieraus resultieren auch gleich die unterschiedlichen Aufgaben der beiden Instrumente. Das große Cembalo ist das Konzertinstrument, das kleinere Spinett das Hausmusikinstrument. Wenn wir beide Instrumente hier vorführen, dann hat das auch den Grund, dass man am Spinett den Reiz des Klanges nur eines Registers verfolgen kann, während beim Cembalo dank der klanglichen Unterschiede gleich mehrerer Register und ihrer Kombinationsmöglichkeiten eine reiche Palette an Klangfarben und dynamischen Abstufungen zur Verfügung steht.

In diesem Punkt zeigt sich besonders die Verwandtschaft von Cembalo und Orgel. Auch bei der Orgel lässt sich die Lautstärke ja nicht durch den Tastenanschlag beeinflussen und entsprechend hat man auch bei der Orgel verschiedene

Register und Manuale zur Erzielung eines farblich und dynamisch differenzierten Klangbildes. Und hier wie dort benutzt man die gleiche Terminologie. Man spricht z. B. von einem 8'-Register und das will besagen, dass man sich mit der Tonhöhe, in der dieses Register eingestimmt ist, an der Länge von 8', also von ca. 2,40 m, der offenen Orgelpfeife für den Ton C orientiert. Die Tonhöhe eines 8'-Registers entspricht der Tonhöhe unserer üblichen Musizierpraxis.

Ein moderner Flügel steht z. B. auch im 8', man sagt das nur nicht so, weil ein Flügel ja nur ein Register hat. Es gibt aber z. B. auch 4'-Register. Da beträgt die Länge der entsprechenden Orgelpfeife nur 4', sie ist also nur halb so lang und ihr Ton klingt damit eine Oktave höher. Kombiniert man 8'- und 4'-Register, so erhält man eine, auch dynamisch unterschiedene, neue Klangfarbe. Auf das zweite Manual eines Cembalos kann man weitere Register legen. Bei dem heute eingesetzten Instrument ist es ein etwas nasaler klingendes 8'-Register. Man gewinnt so weitere Möglichkeiten zur klanglichen Differenzierung. Auch kann man beim Spiel von einem auf das andere Manual wechseln sowie die beiden Manuale koppeln, so dass auf dem Untermanual alle Register gleichzeitig erklingen, während im Obermanual nur das eine, bereits erwähnte nasale 8'-Register verbleibt. Beim Musizieren wird so ein schneller Wechsel von lautem und leisem Spiel möglich, wie er z. B. in der Musik für die Tutti- und Solopassagen des italienischen Concerto grosso erforderlich ist oder einfach nur zur Erzielung eines Echo-Effekts.

Entsprechend der Anzahl der klingenden Register gibt es dann auf dem Cembalo bautechnisch mehrere Saitenbezüge und nicht nur einen wie beim Spinett. Eine zusätzliche klangliche Variation ermöglicht noch der sogenannte Lautenzug. Dabei wird weiches Leder oder Filz in der Nähe des Stimmstockstegs gegen die Saiten gedrückt und der Klang damit in Richtung des Lautenklanges modifiziert.

Eine weitere Besonderheit des Cembalos sind die weißen Obertasten und die schwarzen Untertasten. Die Farbgebung ist also gerade umgekehrt wie beim modernen Klavier. Das ist nicht etwa dazu da, um – wie man vielleicht vermuten möchte – ein Cembalo von einem Klavier unterscheiden zu können, sondern wir verdanken diese Tatsache französischem Raffinement. In Frankreich, wo das Cembalo im Barock eine noch bedeutendere Rolle als in Deutschland einnahm, spielten vor allem die feinen Damen am Hofe das Cembalo. Und damit sich deren zarte weiße Fingerchen im optischen Kontrast besser abhoben und die Obertasten wie eine Verlängerung der Finger wirken ließen, machte man die Untertasten schwarz und die Obertasten weiß.

Wir wollen uns jetzt dem letzten der heute hier vorzuführenden Tasteninstrumente zuwenden, dem Hammerflügel. Das Wort Hammerflügel wird Ihnen wahrscheinlich tautologisch als „weißer Schimmel" vorkommen, denn ein Flügel, wie wir ihn heute kennen, hat ja immer Hämmer, mit denen die Saiten angeschlagen werden. Aber man muss diese Bezeichnung aus der Geschichte des Instrumentenbaus verstehen. Im Barock hatte man in Deutschland das Cembalo, wie schon erwähnt, als Flügel bezeichnet. Als dann die Saiten des zunächst äußerlich gleich aussehenden Instruments nicht mehr angezupft, sondern von Hämmern angeschlagen wurden, musste man sprachlich eine Unterscheidung treffen, und so wurde aus dem Flügel der Hammerflügel. Heute ist es üblich geworden, die frühen, zwischen der Erfindung des Hammerflügels um 1700 und 1853 gebauten Instrumente allgemein als Hammerflügel zu bezeichnen. Ab 1853 traten dann mit Bechstein, Blüthner und Steinway gleichzeitig drei Hersteller auf, die damals ganz neuartige Flügelkonstruktionen in der uns heute vertrauten modernen Ausstattung auf den Markt brachten. Für die ab diesem Zeitpunkt gebauten Instrumente hat sich die uns heute als selbstverständlich erscheinende Bezeichnung Flügel durchgesetzt.

Aber jetzt besteht die Gefahr, dass wir das Pferd von hinten aufzäumen. Zunächst sollten wir uns der Geschichte des Hammerflügels widmen. Es wurmte die Instrumentenbauer drei Jahrhunderte lang, ab 1400 beginnend, dass es beim Cembalo nicht möglich war, durch unterschiedlichen Tastenanschlag laut und leise zu spielen. Entsprechend stolz war der aus Padua stammende und in Florenz als Custos der Musikinstrumentensammlung der Medici tätige Bartolomeo Cristofori, als er 1698 seine Erfindung eines „Clavicembalo, che fa il piano e il forte" präsentieren konnte. Was war seine Erfindung: Er hatte das Anzupfen der Saiten in einem Cembalokorpus durch eine Mechanik ersetzt, durch die bei Tastendruck ein Hammer gegen die Saite schlägt. Die Idee war eigentlich naheliegend. Sie erinnern sich: Die mesopotamische Kastenzither, aus deren gezupfter Spielform das Psalterium und letztlich das Cembalo hervorgegangen war, konnte in der Spielform des Hackbretts auch mit Klöppeln angeschlagen werden. Was lag also näher als auch dieses Anklöppeln der Saiten ebenfalls über eine Klaviatur zu mechanisieren.

Genau das tat Bartolomeo Cristofori bei seiner Erfindung des Hammerklaviers. Man fragt sich natürlich, warum mussten rund 300 Jahre vergehen zwischen der Erfindung de Cembalos und des Hammerflügels. Die Antwort liegt darin, dass die Mechanik zum tastenbezogenen Hammeranschlag der Saiten sehr viel komplizierter und aufwendiger ist als die Zupfmechanik des Cembalos, es mithin einer wesentlich größeren Erfindungshöhe bedurfte. Um das zu verstehen, genügt schon ein erster Blick auf Cristoforis Hammermechanik im Vergleich zur Cembalomechanik. Insbesondere zwei technische Probleme tauchten bei der Hammermechanik auf, die Cristofori erkannt und gelöst hat. Das erste ist die sogenannte Auslösung. Verfolgen Sie bitte den Weg des Hammers, während ich die Taste drücke und den Tastendruck beibehalte. Wie Sie sehen, fällt der Hammer kurz bevor der Hammerkopf die Saite erreicht in seine Ausgangsstellung zurück, obwohl die Taste nach wie vor gedrückt bleibt. Technisch bewirkt das eine „Stoßzunge", die bei Erreichen einer bestimmten Steighöhe des Hammers unter dem Angriffspunkt am Ende des Hammers herausgleitet. Der Hammer löst aus, wie man sagt. Würde er das nicht tun, würde die Fläche des Hammerkopfs gegen die Saite drücken und die Schwingung, die er dort erzeugen soll, gleich wieder wegdämpfen. Der Kraftschluss zwischen Hammer und Stoßzunge wird also durch die Auslösung aufgehoben, bevor der Hammerkopf die Saite erreicht. Er wird anschließend dank des aufgenommenen Impulses noch gegen die Saite geschleudert, von ihr aber unmittelbar wieder reflektiert.

Die Auslösung war die erste entscheidende Erfindung Cristoforis zur Verwirklichung seiner Hammermechanik. Die zweite Erfindung Cristoforis bezieht sich auf die Geschwindigkeit des Hammerkopfes. Würde der Hammer sich nur mit der Geschwindigkeit der Tastenbewegung gegen die Saite bewegen, wäre seine Geschwindigkeit viel zu gering, um eine genügend große Auslenkung der Saite und somit Klangstärke zu bewirken. Cristofori musste also eine Geschwindigkeitsübersetzung für den Hammer, heute würde man sagen ein „Getriebe" konstruieren und das macht einerseits diese Mechanik so aufwendig und kompliziert, zeigt andererseits aber auch, welch genialer Erfinder Cristofori war.

Auch die Mechanik moderner Flügel ist bis heute nach diesen Prinzipien Cristoforis gebaut. Wenn Sie einen Hammerflügel betrachten – der hier vorgestellte vertritt ein um 1800 entwickeltes bautechnisches Konzept – und ihn mit einem modernen Flügel vergleichen, dann sind drei Unterschiede in der Konstruktion besonders relevant.

1. Der Hammerflügel ist eine reine Holzkonstruktion, während im modernen Flügel eine massive goldbronzierte, gusseiserne Platte zu finden ist, die den Saitenzug aufnimmt, der immerhin an die 20 Tonnen beträgt und dem eine reine Holzkonstruktion natürlich nie standhalten würde.
2. Entsprechend ist der Saitenbezug beim Hammerflügel auch wesentlich schwächer als beim modernen Flügel. Der Durchmesser der stärksten Saite im Bass des Hammerflügels ist gerade mal so stark wie die schwächste Saite im Diskant des modernen Flügels.
3. Die Hammerköpfe beim Hammerflügel sind nur mit einer dünnen Wildlederschicht überzogen, während der ohnehin schon wesentlich voluminösere Hammerkopf des modernen Flügels einen dicken Filzbezug aufweist.

Aus all dem ergibt sich für den Hammerflügel ein wesentlich zarterer und delikaterer Klang, als ihn der moderne Flügel aufweist. Vergessen wir dabei aber nicht: Der Hammerflügel steht für das Klangbild, das Haydn, Mozart, Beethoven, Schubert allein kannten. An diesem Klang orientierten sie sich in ihren Kompositionen. Die Klangwelt des modernen Flügels blieb ihnen zeitlebens unbekannt. Demzufolge sollte jeder moderne Pianist seine Klassiker mindestens einmal auf einem authentischen Hammerflügel gespielt haben, um sich über die ursprünglichen klangspezifischen und spieltechnischen Intentionen dieser Komponisten klar zu werden. Wenn er anschließend zu seinem modernen Flügel zurückkehrt, wird er die Musik dort ganz anders verstehen und spielen.

Paul Engel wird Sie jetzt in die Klangwelt des Hammerflügels entführen. Ich bedanke mich, in erster Linie natürlich bei Paul Engel, aber auch bei Ihnen, meine Damen und Herren, für die Aufmerksamkeit, mit der Sie uns auf dieser Zeitreise begleitet und damit zur Erreichung unseres gesteckten Zieles beigetragen haben, historische Tasteninstrumente nicht nur als museales Erbe, sondern als lebendig bleibende Musikinstrumente zu hören und zu verstehen.

Vortrag im Internationalen Künstlerhaus Villa Concordia
Bamberg, 24. Januar 2012

Zum 100. Geburtstag von Liselotte Selbiger

„Die 1906 in Berlin geborene Liselotte Selbiger hätte eine der großen deutschen Musikerinnen werden können, wenn sie nicht nach 1933 ins Ausland hätte fliehen müssen".

Mit diesen Worten beginnt die Besprechung einer CD, auf der Cembaloeinspielungen Liselotte Selbigers aus den 50er-Jahren dank des dänischen Labels Danacord der Musikwelt wieder zugänglich gemacht werden.

Dass Liselotte Selbiger, die vor einigen Wochen in Kopenhagen ihren 100. Geburtstag feiern konnte, diese Karriere nicht vergönnt war, ist eine Folge des Nazi-Terrors, der ihr und einer ganzen Generation deutsch-jüdischer Künstler den Lebensraum, ja das Lebensrecht verweigerte.

Liselotte Selbiger war die Berufung zur Cembalistin keineswegs in die Wiege gelegt. Sie wuchs in Berlin in großbürgerlichen Verhältnissen auf. Die Eltern spielten in ihrer Freizeit Violine und Klavier, die Tochter ließ man Violoncello lernen zur Ergänzung des für das häusliche Musizieren verfügbaren Instrumentariums.

Liselotte Selbiger erwies sich als begabte Musikerin, die nicht nur alsbald in das damals recht angesehene Berliner Ärzteorchester aufgenommen wurde – dort spielte übrigens auch Albert Einstein – sondern auch so eifrig Klavier übte, dass sie sich an der Berliner Musikhochschule als Schülerin des russischen Pianisten Leonid Kreutzer einschreiben konnte.

Doch dann nahm ihr künstlerisches Leben eine unerwartete Wendung: Für ihr Examen an der Musikhochschule hatte sie eine Arbeit über die Verzierungen im Klavierwerk Johann Sebastian Bachs zu schreiben. Die dabei auftretenden Fragen brachten sie in Kontakt mit Curt Sachs, dem Leiter des Berliner Musikinstrumentenmuseums, der ihr das Bach zugeschriebene Cembalo der Sammlung zeigte und damit ihre Begeisterung für dieses gerade wieder in das Musikleben eingegliederte Tasteninstrument so intensiv weckte, dass Cembalospiel zum künftigen Lebensinhalt Liselotte Selbigers werden sollte. Bei dem Cembalisten Carl Bittner setzte sie folglich nach dem Klavierexamen 1933 ihr Studium in Berlin fort.

Unter der Naziherrschaft war jedoch für die angehende Cembalistin eine Karriere in Deutschland nicht möglich. Als sie 1935 Berufsverbot erhielt, erkannte sie die Zeichen der Zeit rechtzeitig und emigrierte nach Kopenhagen.

Damit kam sie aber keineswegs ins Paradies, denn in Dänemark war man aus politischer Vorsicht gegenüber Nazideutschland äußerst zurückhaltend gegenüber deutsch-jüdischen Immigranten und außerdem war Dänemark, was Alte Musik betraf, ja tiefste Diaspora.

Aber Liselotte Selbigers unerschütterlicher Wille setzte sich durch. Sie gewann mit ihren Cembalo-Konzerten in Dänemark steigende Anerkennung, bildete sich weiter in Kursen bei der nahe Paris lebenden Grand Dame des Cembalospiels, Wanda Landowska, bis schließlich der nazistische Vernichtungsapparat 1943 auch Dänemark erfasste. Auf dem Boden eines Fischkutters liegend konnte Liselotte Selbiger unter dramatischen Umständen bei Nacht und Nebel nach Schweden fliehen und in Stockholm bis zum Kriegsende 1945 unbeschadet überleben.

Nach ihrer Rückkehr nach Kopenhagen setzte sie dort ihre Tätigkeit mit Konzerten, Vorträgen zur Alten Musik, Rundfunk- und Schallplattenaufnahmen erfolgreich fort. Das publizistische Echo auf ihr Wirken war hervorragend. Liselotte Selbiger war in Dänemark ganz unbestritten die Nr. 1 des Cembalospiels.

Auch ihre Auftritte in den anderen skandinavischen Ländern, in England, der Schweiz, vereinzelt auch in Norddeutschland, führten jeweils zu enthusiastischen Rezensionen. Waren es die allzu große Bescheidenheit der Künstlerin, gesundheitliche Probleme oder das Fehlen eines fähigen Konzertagenten – jedenfalls wollte sich die Liselotte Selbiger angemessene internationale Karriere nicht einstellen.

Dabei hätte sie es wohl verhältnismäßig leicht gehabt in Deutschland, angesichts einer Reihe ambitionierter Cembalistinnen eher biederen Zuschnitts, die hier die Cembalo-Szene im ersten Nachkriegsjahrzehnt beherrschten und unter dem Schlagwort „Werktreue" damit befasst waren, die Musik J. S. Bachs zu skelettieren.

Sie wurden erst in den Hintergrund gedrängt, als in den 50er-Jahren der amerikanische Cembalist Ralph Kirkpatrick in Deutschland die Bühne betrat und mit Agogik – bis dahin ein Fremdwort im doppelten Wortsinn - , der geschmeidigen Eleganz seines Finger-Legatos und seinem von einer umfassenden Bildung getragenen glühenden musikalischen Temperament damit begann, das Cembalo und seine Musik mit neuem Leben zu erfüllen.

Liselotte Selbiger hätte all dies auch leisten können. Schließlich waren sie und Ralph Kirkpatrick beide unüberhörbar Schüler der großen Wanda Landowska. Aber Ralph Kirkpatrick beherrschte eben damals die Szene und man hielt sich ihm gegenüber wie selbstverständlich an das 1. Gebot „Du sollst keine anderen Götter neben mir haben".

So waren auch hier die Bedingungen für Liselotte Selbiger - wie leider fast immer in ihrem Leben – wieder sehr schwierig. Zum Glück sind uns aber ihre Aufnahmen aus dieser Zeit erhalten und in den vorliegenden CDs auf den heutigen wiedergabetechnischen Stand gebracht. Sie zeigen uns eine Künstlerin, die in ihrem Spiel mit untadeliger Technik, einer erstaunlichen Sicherheit in den Fragen der barocken Aufführungspraxis und sorgfältigem musikalischen Ernst die großen Cembalowerke Johann Sebastian Bachs und seiner Zeitgenossen in einer Weise interpretiert, wie es für die Zeit vor 50 Jahren alles andere als selbstverständlich war.

Liselotte Selbiger hat ihre Liebe zur deutschen Kultur bei allem, was ihr die Nazis angetan haben, nie in Frage stellen lassen. So mag die ihr gewidmete Stunde nicht nur ein Gruß an die ihren Lebensabend in Kopenhagen verbringende 100-jährige Künstlerin sein, sondern auch ein Ausdruck des Dankes für eine beschämend großherzige Haltung.

Radiosendung Bayern 4, 2000

Karl Richter

Zu Karl Richters Bach-Interpretation

Eine Hommage

Es besteht wohl kein Zweifel, dass der sächsische Dirigent, Organist und Cembalist Karl Richter (1926–1981) etwa ab Mitte der 1950er-Jahre bis Anfang der 1970er-Jahre die prägende Persönlichkeit in der Geschichte der Interpretation der Werke Johann Sebastian Bachs war.

Karl Richters Bach-Interpretation wurde in Konzertkritiken vielfach beschrieben, von seinen Anhängern in den Himmel gelobt, von seinen Gegnern in die Hölle verbannt.

Richter war geprägt von der sächsischen Bach-Tradition, wie sie seine Lehrer, die Leipziger Thomaskantoren Karl Straube und Günther Ramin sowie der Dresdener Kreuzkantor Rudolf Mauersberger gepflegt hatten.

Richters Musizierstil war erfüllt von mitreißender Lebendigkeit, üppiger Klangphantasie, extensiven dynamischen und agogischen Freiheiten. Damit gewann er ein ständig anwachsendes Publikum „von Abs bis Z", das sich vom Faszinosum seines Musizierens in „innerster Seele" angesprochen fühlte. Wenn man ihn - wie es seine Widersacher taten, die nicht entdecken konnten oder wollten, welche emotionalen Tiefen in der Musik Johann Sebastian Bachs verborgen sind - in eine Schublade mit der pauschalisierenden Aufschrift „romantisch" steckte, spielte das vor dem Hintergrund seiner musikalischen Wirkung keine Rolle, ja vertrocknete zur Beckmesserei.

Es war mir vergönnt, mit Karl Richter in doppelter Beziehung in Verbindung zu stehen. Zum einen über die in meiner Bamberger Firma, den Werkstätten für historische Tasteninstrumente J. C. NEUPERT, gebauten Cembali. Karl Richter bevorzugte sie, seit er in seiner Jugend Günther Ramins NEUPERT-Cembalo kennen gelernt hatte. Zum anderen sang ich von 1956 an über Jahrzehnte in Richters Münchener Bach-Chor, assistierte Karl Richter u. a. auf einer gemeinsamen Konzertreise in die Sowjetunion, schließlich entwickelte sich in Richters letzten Lebensjahren eine persönliche freundschaftliche Zuneigung.

Seit Karl Richter 1951 die DDR verlassen und die Kantorenstelle an der Markuskirche in München angenommen hatte, begleitete ihn – wo immer möglich – auf seiner sich abzeichnenden Weltkarriere ein NEUPERT-Cembalo. Es war stets ein zweimanualiges Cembalo in der dem modernen Flügelbau entlehnten „Rastenbauweise", in der alle Instrumente in der ersten Hälfte des 20. Jahrhunderts gebaut waren. Dieser Cembalotyp kam seinem Musizierstil besonders entgegen. Das Instrument besaß vier klingende Register ($8_1'$,16'; $8_2'$,4'), die alle über Pedale während des Spiels schnell einschaltbar waren sowie eine Manualkoppel. Hinzu kamen ein Lauten- und ein Theorbenzug. Richter konnte so die ihm für den Augenblick geeignetste Klangfarbe aus einer Vielzahl verschiedener Registriermöglichkeiten wählen. Dieser „Augenblick" ergab sich aus der jeweiligen Aufführungssituation, der Raumakustik, den klanglichen und musikalischen Impulsen, die von seinen Musikern ausgingen, aber auch – bei Karl Richter besonders ausgeprägt – aus seiner gerade gegebenen emotionalen Befindlichkeit. Das führte zu stets neuen, spontan „hervorgezauberten" Interpretationsvarianten, die seine Aufführungen so lebendig und frei von aller Routine machten, freilich auch höchste Aufmerksamkeit von allen Mitwirkenden erforderten.

Dabei beschäftigte Richter durchaus die Unterschiedlichkeit moderner und in historischer Bauweise gefertigter Cembali. In einem Gespräch sagte er mir: „Ich sehe schon die Vorzüge des barocken Cembalotyps, bin aber mit dem inneren Ohr beim „Bach"-Cembalo [Anmerkung: dem NEUPERT-Cembalo „Bach"] zu Hause". In seinen letzten Lebensjahren stand Karl Richter auch ein in historischer Weise gebautes Cembalo von William Dowd, Boston, zur Verfügung. Auf diesem Instrument spielte er seine letzte CD (mit Solo-Werken für Cembalo) ein. Für das Musizieren mit seinem Bach-Orchester oder auch für kammermusikalische Konzerte kam das Dowd-Cembalo jedoch nicht in Frage, da es ein Solitär unter sonst ausschließlich modernem Instrumentarium gewesen wäre.

Karl Richters auf sicheren musikalischen Füßen stehende Herkunft hatte sich seit Mitte der 1960er-Jahre gegenüber den immer stärker in den Vordergrund drängenden theoretischen Erkenntnissen der historischen Aufführungspraxis zu behaupten. Eine Sängerin seines Münchener Bach-Chores glaubte Richter einen Gefallen zu tun, indem sie ihn unter diesem Gesichtspunkt zusammen mit dem damaligen Papst der Musikkritik, Joachim Kaiser, zu einem Diskurs über Interpretationsfragen der Bachschen Musik einlud. Richter erzählte mir später, wie peinlich bis langweilig dieser Abend für ihn war. Es fühlte sich für ihn an, als wolle ihn jemand zum Verzicht auf seinen sächsischen Dialekt zugunsten des Hochdeutschen animieren.

Dabei konnte man in Gesprächen mit Karl Richter immer wieder mit Erstaunen feststellen, welch reiches theoretisches Wissen er besaß. Für ihn bestand dabei kein Widerspruch zwischen Theorie und seinem Musizierstil. Es war ihm wesensfremd, sein seit frühester Jugend erworbenes, auf einer großen musikalischen Tradition beruhendes Musikverständnis, in Zweifel zu ziehen. Wer ihm gegenüber z. B. darauf insistierte, eine bestimmte Phrase bei Bach habe man doch so und so zu spielen, konnte sich durchaus die Frage einfangen: „Haben Sie mit Bach telefoniert?".

Wie beeinflussbar freilich sein Musizieren von der jeweiligen Situation war, mag das Beispiel eines Orgelkonzertes 1973 in der Leningrader Philharmonie zeigen. Schon vor dem Konzert sagte Richter zu mir in aus früheren Erfahrungen gewonnenem missmutigem Tonfall: „Die Leningrader klatschen nicht gern". Entsprechend „akademisch" absolvierte er sein Konzertprogramm unter – wie vorhergesagt – schütterem Beifall. Bei der gerade noch so vom Publikum erklatschten ersten Zugabe „stach" ihn dann aber doch „der Hafer". Er „fetzte" einen Satz aus einer der Bachschen Orgel-Triosonaten in atemberaubenden Tempo hin. Das bei aller Zurückhaltung hörerfahrene Leningrader Konzertpublikum erspürte die Situation sofort. Es gab enthusiastischen Beifall, der sich anschließend von Zugabe zu Zugabe geradezu bis zu einem Jubelsturm steigerte. Am Ende hatte man zwei komplette Konzerte gehört. Sie hätten unterschiedlicher nicht sein können.

Im Juni 1977 gab Richter den neugebauten NEUPERTschen Werkstätten mit einem Cembalo-Rezital die musikalischen Weihen. Anfang Februar 1981 gastierte er, wenige Tage vor seinem Tod, gemeinsam mit dem Flötisten Aurèle Nicolet als Cembalist ein letztes Mal in Bamberg.

Nach diesem Konzert fuhr ich die Künstler zurück ins Hotel. Während sich auf dem Vordersitz Aurèle Nicolet vergnügt mit mir unterhielt, kam von Karl Richter aus dem Fond des Wagens der tiefmelancholische Satz: „Ich bin hier nicht am richtigen Platz. Meine Heimat ist Dresden und Leipzig." Er fühlte, wie sein auf der sächsischen Tradition fußendes musikalisches Weltbild unter den Druck der sich mehr und mehr durchsetzenden historischen Aufführungspraxis geriet. Es waren Richters Abschiedsworte.

Es mag in dieser gewiss subjektiven Hommage gestattet sein, noch ein Letztes zu Richters Bach-Interpretation anzufügen. Man erlebte seine Konzerte nicht nur, indem man ihnen, wie von Thomas Mann eingefordert, „sinnliches Interesse und geistige Aufmerksamkeit" entgegenbrachte, vielmehr gelang es Richter in musikalischen Sternstunden seine Hörer ganz und gar aus dem Alltag fortzutragen und in eine Meta-Welt zu versetzen, in der die Seele – völlig umfangen von der Musik – „zu fliegen begann". Aus dieser Welt fand man, hochbeglückt, am Ende des Konzerts nur schwer wieder in die Wirklichkeit zurück. Dies zu erreichen war und blieb für mich das faszinierende Alleinstellungsmerkmal von Karl Richters Kunst.

Bach Magazin Nr. 35, Leipzig 2020, S. 28-30

Buchbesprechung:

Martin Skowroneck, Cembalobau

In der deutschsprachigen Literatur der letzten Jahrzehnte wurde das Cembalo in den Publikationen der Verlage ausgesprochen stiefmütterlich behandelt. Umso erfreulicher ist es, dass jetzt einer der Pioniere der Renaissance des am historischen Vorbild orientierten Cembalobaus seinen reichen, in rund fünf Jahrzehnten gesammelten Schatz eigener Erfahrungen vor dem Leser ausbreitet.

Allein die Tatsache des Erscheinens eines solchen Buches ist ein nicht hoch genug einzuschätzendes, ganz und gar ungewöhnliches Ereignis. Im Handwerk gab und gibt man sein Wissen traditionell allenfalls mündlich an seine Nachfolger oder in Teilen an Gesellen und Lehrlinge weiter, eine schriftliche Offenlegung von Betriebs- und Fertigungsgeheimnissen war jedoch angesichts der Konkurrenzsituation – und manchmal wohl auch aus mangelnder Schreibgewandtheit – bislang so gut wie undenkbar. Martin Skowronecks Buch ist somit ein Solitär, der herausragt aus den vielen organologischen Abhandlungen, den schönen Bildbänden und den Reparatur-, Regulier- und Stimmanweisungen von Insidern der Branche.

Nimmt man den großformatigen Hardcover-Band zum ersten Mal in die Hand, freut man sich angesichts von 270 Seiten Umfang auf eine fast enzyklopädische Abhandlung zum Thema Cembalobau, stellt dann aber fest, dass man den Text zweimal gekauft hat, nämlich einmal auf Deutsch

und einmal auf Englisch, sodass der „Nettotext" auf 136 Seiten zusammen-
schrumpft. Zur Rezension sei hier ausschließlich der deutsche (Original-) Text
herangezogen.

Eine enzyklopädische Darstellung ist allerdings auch gar nicht die Absicht
Skowronecks. Der Bremer Cembalobauer nimmt den Leser gleichsam an die
Hand und bespricht mit ihm ex ovo die einzelnen Stufen des Cembalobaus,
erläutert, welche Erfahrungen er selbst – der Autor ist Autodidakt – gewonnen
hat und welche Erkenntnisse aus der Beschäftigung mit den erhaltenen Originalinstrumenten des 16. bis 18. Jahrhunderts oder aus dem Gedankenaustausch mit
Kollegen und Musikern hinzukamen. Vollständigkeit der Darstellung ist dabei
erklärtermaßen weder das Ziel noch das Ergebnis. Vielmehr wird der Leser auf
pädagogisch äußerst geschickte und vertrauenerweckende Art – der Autor ist
studierter Musikpädagoge – mit den einzelnen Stufen des Cembalobaus bekannt
gemacht. Skowroneck zeigt die jeweilige Problematik auf und den Lösungsweg,
den er selbst gewählt hat. Es werden dem Leser aber auch abweichende bautechnische Vorschläge gemacht, mittels derer er dann in eigener Verantwortung
experimentierend ebenfalls das gewünschte Ziel erreichen kann.

Nicht hoch genug anzurechnen ist dem Autor, dass er seine Leser vor Patent-
rezepten warnt, vor jedem „Nur so und nicht anders!" und vor der isolierten
Betrachtung oder Überbetonung eines einzelnen Parameters. „Nur die wohlaus-
gewogene Balance im Zusammenwirken aller Faktoren", sagt Skowroneck, führe
letztendlich zu einem guten Ergebnis.

Das Buch ist in 14 Kapitel gegliedert, von denen sich die ersten zwölf unmittelbar mit Werkzeug, Materialien und Arbeitsgängen des Cembalobaus beschäftigen. Im vorletzten Kapitel („Wie alles begann") gibt der Autor Auskunft über
seinen Lebensweg als Instrumentenbauer – was man besonders gern liest, weil
man doch schließlich wissen möchte, wer einen da so fürsorglich in den vorausgegangenen Kapiteln über alle Hürden des Cembalobaus geführt hat, und weil
es auch ein wichtiges Zeitdokument ist, das nachvollziehbar macht, auf welchem
Wege der Cembalobau in Deutschland in der zweiten Hälfte des 20. Jahrhunderts vorangebracht wurde. Das abschließende Kapitel widmet sich Überlegungen zu Fragen der „Qualität" und der „Kopie".

Vorangestellt ist dem Buch ein interessantes Vorwort zur Terminologie des
Cembalobaus. Ist es Ausdruck der schwer fassbaren Vielschichtigkeit des Cembalos oder einfach ein Versäumnis, dass es für das Cembalo noch kein Fachwör-
terbuch gibt, das in seinem Anspruch vergleichbar wäre mit Klaus Schimmels
„Piano-Nomenklatur"? Das vor Jahren veröffentlichte Glossar von Susanne
Costa kann das nicht leisten, und die verschiedenen in der Fachliteratur zu fin-
denden Glossare (z.B. bei Boalch, 3. Auflage und in den Katalogen der Sammlung Berlin und der Sammlung Tagliavini) sind zu kurz gefasst oder von subjektiven, nicht verallgemeinerbaren Wortfindungen geprägt. Auch Skowroneck

hat seine eigene Nomenklatur, die zwar klar verständlich ist, aber wohl nicht in allen Fällen allgemeinem Gebrauch entspricht. Ein Beispiel ist die Bezeichnung „Zünglein" für den Kielträger des Springers. Diese Wortwahl ist vielleicht doch etwas zu niedlich und zu ungebräuchlich in der Branche, man müsste dann bei den noch kleineren Teilen ja konsequenterweise von „Ächschen" oder „Kiellein" sprechen. Lasse man doch das Zünglein an der Waage und die Zunge am Springer!

Den Abschluss des Buches bildet eine Bibliographie, die dem Anspruch des vorausgegangenen Textes leider nicht gerecht wird. Von den 27 dort aufgeführten Titeln beschäftigt sich lediglich ein Drittel unmittelbar mit dem Cembalobau. Dabei gäbe es doch zitierenswerte Literatur aus den letzten zwei Jahrzehnten zu den in den einzelnen Kapiteln angeschnittenen Themen. Man denke nur an die mit zahlreichen Detailinformationen zu den Instrumenten erschienenen Kataloge zu den Sammlungen von Berlin, Bologna (Tagliavini), Boston, Hamburg, Leipzig oder München, an Claude Mercier-Ythiers „Clavecins", an die Mensurensammlung von Malcolm Rose, an Sheridan Germanns grundlegende Arbeit „Harpsichord Decoration", ganz abgesehen von zahllosen interessanten, in Fachperiodika erschienenen Artikeln zu Einzelfragen. Die Chance, eine breitere Leserschaft auf diese weiterführende Literatur aufmerksam zu machen, blieb ungenutzt.

Kommen wir zurück zu den zwölf unmittelbar mit dem Cembalobau befassten Kern-Kapiteln des Buches: In den beiden ersten berichtet der Autor über zweckmäßige Werkzeuge und vergisst auch nicht – welch wichtiger Gesichtspunkt! – den angehenden Cembalobauer vor allzu großer Fertigungsgenauigkeit am falschen Platz zu warnen. Die folgenden Kapitel „Die Konstruktion" und „Das Gehäuse" erweisen sich als didaktisches Meisterwerk: Wie Skowroneck dem Leser jeden Schritt des Entwurfs eines einmanualigen italienischen Cembalos nachvollziehbar erläutert, bis er schließlich vor einem fertigen Cembalokorpus steht, das verrät nicht nur den gelernten Pädagogen und erfahrenen Cembalobauer, sondern es ist vor allem geeignet, dem Leser die Angst vor dem ersten eigenen Bauversuch zu nehmen. Diese Kapitel könnten nicht besser geschrieben sein. Dass den Cembali anderer nationaler Schulen dann nicht die gleiche Aufmerksamkeit zuteil wird wie den italienischen, ja überhaupt nicht alle Fragen mit gleicher Intensität besprochen oder gelegentlich auch nur angesprochen werden – das versteht sich fast von selbst. In den folgenden Kapiteln beschreibt Skowroneck die einzelnen Baustufen vom rohen bis zum fertigen Instrument („fast", denn das doch gewiss unverzichtbare Stimmen wird hier nicht thematisiert), niemals apodiktisch, sondern die Problematik jedes Schrittes aufzeigend, die persönliche Entscheidung begründend, den Leser auf unterschiedliche Lösungsmöglichkeiten hinweisend und ihn dabei ausdrücklich zum eigenen Ausprobieren ermunternd.

Es lohnt sich die Mühe, diese Kapitel genauestens zu lesen, denn immer wieder entdeckt man, in einem kurzen Nebensatz versteckt, den einen oder anderen hilfreichen Hinweis, manchmal auch an Stellen, wo man ihn nicht erwartet (im Kapitel „Stimmstock" etwa die wichtige Bemerkung über Streben zur Verbesserung der Statik, die eigentlich in das Kapitel „Gehäuse" gehört hätte).

Die wohl unvermeidbaren inhaltlichen Lücken und gelegentlich auch Widerspruch herausfordernde Punkte können im Rahmen dieser Rezension nur kurz angesprochen werden. Auf Seite 59 rät Skowroneck beispielsweise ab von einer Tastenführung mit waagrecht in den Tasten des Untermanuals befestigten Metallstiften, die in den Schlitzen einer Kanzellenführung laufen, da die Führungskanten der Kanzelle in diesem Fall geräusch- und reibungsintensive Hirnkanten sind. Aber weit verbreitet ist doch heute im Cembalobau als Abhilfe, dass man auf die Kanzelle ein Furnier mit senkrechtem Verlauf der Jahre aufleimt, so dass die Führungsstifte nicht mehr an Hirnkanten gleiten. Verwendet man dabei Messingstifte, gewinnt man gleich zwei weitere Vorteile: Durch Kröpfen der Stifte lassen sich leicht gleichmäßige Tastenspatien erreichen, und sollte mal ein Kanzellenschlitz zu breit geraten sein, kann man den Stift durch Klopfen entsprechend verbreitern.

Bei der Fertigung der Springerrechen wäre auf die (sehr empfehlenswerte) Technik im historischen französischen Cembalobau hinzuweisen, die Rechenoberseite mit Leder zu überziehen. Macht man die Führungsschlitze im Holzrechen ein wenig größer als notwendig und führt den Springer damit in der Lederauflage, gehört Klappern auf einmal nicht mehr zum Cembalohandwerk, auch wird die Gefahr des Hängenbleibens der Springer bei wachsender Feuchtigkeit geringer. Bei den Springern stellt Skowroneck die Borste wie selbstverständlich als Feder für die Springerzunge vor. Borsten sind aber eine Gefahrenquelle, da sie auf Feuchtigkeitsschwankungen reagieren. Metallfedern, die man auch im historischen Cembalobau schon antrifft, sind da viel zuverlässiger. Gern schließt man sich dem Autor an, wenn er das Klangbild bei einer Vogelbekielung als interessanter und differenzierter empfindet als bei einer Delrinbekielung. Seine These, eine Vogelbekielung sei auch zuverlässiger als eine (natürlich richtig zu schneidende) Delrinbekielung, dürfte aber kaum mit den Erfahrungen vieler seiner Kollegen übereinstimmen. Seine Bemerkung „Metallkiele kann man überhaupt nicht benutzen" deckt sich übrigens weder mit dem historischen Befund (siehe z. B. die deutschen Cembali in den Museen von Salzburg und München) noch mit dem aktuellen Cembalobau z. B. bei Bernhard von Tucher.

Solche gelegentlich anzubringende Beckmessereien werden aber schnell wieder aufgehoben, wenn man im Kapitel „Intonieren" so schöne und wichtige Sätze wie den liest, dass es viel erfolgsversprechender sei, „sich mit der eigenen Klangvorstellung zurückzunehmen und nur dem Willen des Instruments nachzulauschen, zu fühlen, wie es intoniert werden will".

Die volle Zustimmung des Rezensenten ist Skowroneck auch sicher, wenn er als Resümee seiner Abhandlung über die in der Branche ja nicht unumstrittenen Frage der Lackierung der Resonanzböden schreibt: „Ich bin deshalb überzeugt, dass es nicht günstig ist, Cembalo-Resonanzböden zu lackieren". Ein Polieren der Oberfläche durch Reiben mit Hobelspänen scheint allemal die bessere, gleichzeitig Vergrauung des Bodens verhindernde Lösung zu sein.

Gelegentlich verleiten zwar pfiffige und sehr zweckmäßige, aber gar zu werkstattbezogene Rezepte ein wenig zum Schmunzeln: Resonanzböden fertigt Skowroneck am liebsten auf dem Dachboden in staubtrockener Sommerhitze und bewahrt sie dann zum Nachtrocknen zwischen zwei Doppelfenstern auf. Cembalobauer mit Flachdach und Einscheibenfenstern, bitte hier nicht resignieren! Es lässt sich auch eine kleine Spezialtrockenkammer für Resonanzböden mit relativ geringem Aufwand installieren.

Etwas stiefmütterlich, für den mit der Materie nicht ganz so Vertrauten vielleicht sogar irreführend, wird die Dämpfung des Cembaloklangs behandelt. Wer (nur) den Text von Skowroneck liest, muss davon ausgehen, dass die Springer in Ruhestellung auf der Garnierung der Hintertastenhebel aufstehen. Eine Cembalodämpfung funktioniert aber bekanntlich nur einwandfrei, wenn die Springer in Ruhestellung über den Dämpferfilzen an den Saiten hängen und gerade nicht auf den Hintertasten aufstehen. Man prüft ja auch die Zuverlässigkeit der Dämpfung, indem man die Saite in Springernähe mit der (schweißfreien!) Fingerkuppe ein wenig nach unten drückt. Der Springer muss dabei leicht nachgeben. Auch die wichtige Rolle, die das sogenannte Freischneiden der Diskantdämpfer eines 4'-Registers – also eine Freigabe der Saite durch den Dämpfer bei ausgeschaltetem Register – für die reichere Gestaltung des Klangbildes bedeutet, wird leider nicht angesprochen.

Schließlich gilt es noch eine Irrlehre aus den Zeiten des „Kalten Krieges" zwischen den unterschiedlichen Ausrichtungen des Cembalobaus in den 60er und 70er Jahren auszuräumen, die sich bei Skowroneck trotz seiner ansonsten wohltuend souveränen Gelassenheit in diesen Fragen von vorgestern noch erhalten hat: Auf Seite 52 schlägt er sich nochmals auf die Seite von Rainer Schützes oft wiederholter, aber niemals durch einen experimentellen Nachweis überprüfter Hypothese, auf der Unterseite offene Cembali in Rastenbauweise würden deshalb leiser klingen, weil es zu einer klangauslöschenden Interferenz zwischen der nach oben und der nach unten abgestrahlten Klangenergie komme. Schon 1971 hatte die hochkarätige Messtechnik des Instituts für Technische Akustik der TU Berlin diese Behauptung widerlegt.; neuere Untersuchungen mit Hilfe der Modalanalyse kommen zum gleichen Ergebnis. Doch um mit diesen Anmerkungen keinen falschen Eindruck zu vermitteln: Bei den angesprochenen Kritikpunkten handelt es sich um Marginalien im Vergleich zu dem, was das Buch insgesamt inhaltlich bietet.

An welchen Leserkreis wendet es sich? Es sind die „Kenner und Liebhaber", wie Skowroneck im Vorwort so schön formuliert. Im engeren Sinne wären das die Cembalobauer und alle diejenigen, die diesen Beruf erlernen wollen oder beabsichtigen, sich selbst ein Instrument zu bauen. Vor allem für sie sollte man das Buch zur Pflichtlektüre erheben, denn hier können sie in idealer Weise die nötige Sensibilität für ihr Vorhaben gewinnen und sich befreien von der Kochbuchmentalität im „Man nehme"-Stil gängiger Bauanleitungen. Eine weitere Gruppe, der man die Lektüre empfehlen sollte, sind die Klavierbauer, die zwar oft leider keine „Kenner" sind und sich in ihrer zwischen Berührungsangst und Unwillen changierenden Motivation, sich mit dem Cembalo zu befassen, auch nicht immer als „Liebhaber" zu erkennen geben. Sie werden hier für ihre manchmal unabweisbaren Reparaturarbeiten an Cembali wertvolle und sachgerechte Hinweise finden können. Nicht zu eng sollte man Skowronecks Forderung sehen, zum Verständnis seines Buches sei mindestens die Kenntnis der Standardwerke von Hubbard, Russel und O'Brien Voraussetzung. Nähme man ihn hier beim Wort, kämen wohl kaum hundert Personen in Deutschland als Leser in Frage (und ihre Aufzählung wäre wahrscheinlich oft von purer Höflichkeit diktiert).

Dem Buch hätte vor Erscheinen eine zusätzliche Korrektur gut getan. Manche Druckfehler („Standartwerke", „Seitenzug", Strativari", „Löffelohrer") sind doch etwas irritierend. Und es entspricht auch nicht dem üblichen Standard für die Ausstattung eines technischen Buches, die Zeichnungen nicht zu nummerieren und teilweise sogar ohne Bildunterschriften zu belassen. Das führt hier manchmal zu ausgesprochenen „Bilderrätseln", etwa auf Seite 39. Auch ein Register hätte dem Werk gut angestanden. So werden Querverweise wie „Je nach Klavierstichmaß (siehe dort)" Seite 27) zu einem Suchspiel, denn was „dort" konkret bedeutet erfährt man nicht. Natürlich könnten dies auch kleine pädagogische Tricks des Autors sein, um den Leser zu einer noch intensiveren Beschäftigung mit dem Text zu bewegen.

Für die Einschätzung des Buchs sind diese Abstriche ohne Belang. Martin Skowroneck, einer der führenden Vorkämpfer des historischen Cembalobaus in Deutschland, hat hier das Wissen um sein Handwerk mit der Kompetenz des erfahrenen und erfolgreichen Cembalobauers offengelegt und damit seinen Lesern nicht nur eine reiche Materialsammlung an die Hand gegeben, sondern auch eine für die kommende Generation wertvolle Dokumentation aus erster Hand über den Cembalobau in der zweiten Hälfte des 20. Jahrhunderts.

Concerto Nr. 188, 2003, S. 19–21

Archiv deutscher Cembalobau-Werkstätten 1899–2012

I. Vorwort

Der deutsche Cembalobau hat in den vergangenen gut 120 Jahren eine gewiss vielfältig interessante Geschichte erlebt. Aufgabe des hier vorgestellten Archivs soll es sein, die diese Entwicklung gestaltenden deutschen Cembalobau-Werkstätten – ihre Zahl liegt über 100 – dokumentarisch festzuhalten.

Der für das Archiv gewählte Zeitraum ergibt sich aus dem ersten belegten deutschen Nachbau im Zuge der Cembalo-Renaissance – 1899 in Berlin – und dem Ende der aktiven beruflichen Tätigkeit des Autors im Jahre 2012.

Die Kriterien für die Aufnahme in das Archiv sind:

1. Der im In- oder Ausland tätige Werkstattinhaber bzw. die Werkstattinhaberin sind gebürtige Deutsche oder besitzen die deutsche Staatsbürgerschaft.
2. Es handelt sich um eine eigenständige Werkstatt, in der der Cembalobau gewerbsmäßig betrieben wird. Der Bau einzelner Instrumente aus „Liebhaberei" ist dabei nicht ausreichend. Hingegen gilt der kommerzielle Komplettzusammenbau von Bausätzen als hinreichendes Kriterium.

Der Begriff „Cembalobau" wurde dabei aus Gründen der allgemeinen Verständlichkeit gewählt gegenüber der an sich korrekten Bezeichnung „Bau von Kielklavieren". Es ist zu bedauern, dass auf Grund der – notwendigen – Aufnahmekriterien viele bedeutende deutsche Cembalobauer, die zeitlebens ausschließlich in Angestelltenverhältnissen tätig waren, hier nicht aufgenommen werden können. Erwähnt seien stellvertretend für viele andere Friedrich Ernst, Otto Marx, Horst Rase, Josef Meingast oder Franz Dorsch. Sie auch nur annähernd vollständig zu erfassen, ist dem Autor nicht möglich. Es bleibt zu hoffen, dass sie – wie erfreulicherweise teilweise schon geschehen – an anderer Stelle entsprechend gewürdigt werden.

Neben der (unter II. nachfolgenden) Auflistung wird über jede Werkstatt beim Autor eine Mappe geführt, in der alle belegbaren Informationen zu der Werkstatt gesammelt sind (z. B. Kataloge, Beteiligungen an Ausstellungen und Messen, Zeitungsberichte über die Werkstatt, Patentschriften, weitere eigene Veröffentlichungen).

II. Werkstätten

Spalte 1: Name der Firma bzw. ihres Gründers. Für die zum Zeitpunkt der Installierung des Archivs (2016) aktiv im Cembalobau tätigen Werkstätten ist die aktuelle E-Mail-Adresse angegeben.

Spalte 2: Jahr des Beginns des Cembalobaus bzw. Jahr der ersten öffentlichen Erwähnung, falls mit * versehen. Ggfs. Jahr des Umzugs an den zuletzt aktuellen Firmensitz.

Spalte 3: Erster Firmensitz. Ggfs. Angabe des zuletzt aktuellen Firmensitzes.

Spalte 4: Umfirmierungen; bei Werkstätten im Ausland Geburtsjahr und Geburtsort des Firmengründers.

1	2	3	4
Klaus Ahrend	1964	Moormerland-Veenhusen	
Ammer	1929	Eisenberg	ab 1972 VEB Möbelkombinat Eisenberg, ab 1990 Eisenberger Pianofortefabrik
	1974	Leipzig-Wiederitzsch	Renate und Jürgen Ammer
Jürgen Ammer info@ammer-cembalo.de	1990	Trendelburg	
	2001	Schauenburg-Breitenbach	
Berdux	1906*	München	
Gregor Bergmann werkstatt@gregor-bergmann.com	2012	Leer	
Konrad Böhm	1959	Bamberg	
Marc Champollion champollion@gmx.de	1982	Siegen	
	2000	Freiburg	
Georg Cisek	1973	Steinhorst-Lüsche	

Nikolaus Damm nicodamm@yahoo.com	1977	Heidelberg	im Jahr 1977 Firmierung: Heidelberger Cembalobauwerkstatt Nikolaus Damm und Jürgen Dehling
	1999	Manila/Philippinen	
Walther Ebeloe	1935*	Hamburg	
Markus Fischinger fischinger@klangkunst.com	1999	Berlin	
Gerhard Fooken	1965	Hinte	
Dr. Georg Fresen	1983*	München	
Christian Fuchs info@cembalo-fuchs.de	1988	Bielefeld	1998 Firmierung: Die Cembalowerkstatt Christian Fuchs & Martin Kather, Bielefeld
	2005	Frankfurt-Höchst	
Maren Gehrts de Ambrosis Pinheiro Machado marenmachado@yahoo.com.br	2001*	München	
	2008	Sao Paulo, Brasilien	Firmierung seit 2008: Micro-empresa Individual
Stephan Geiger nachricht@pianoservice-geiger.de	1995	Rinnthal	
Gebr. Glaser	1928*	Jena	
Goecke & Farenholtz info@pianos-berlin.de	2012	Berlin	
Matthias Griewisch cembalobau@griewisch.de	1989	Bammental	
Jan Großbach jan.grossbach@t-online.de	2006	Frankfurt-Höchst	

Martin Gust magus-harps@t-online.de	1988	Warpe	
Markus Harder-Völk- mann info@tastenklang.de	2001	Neubiberg	
Peter Harlan	1921	Markneukirchen	
	1945	Burg Sternberg	
Dietrich Hein claviolin@gmx.de	1993	Oldenburg	
Roland Heinz heinz-cembalo-klavierbau@ t-online.de	1987	Espenau	
Andreas Hermert hermert@web.de	1988	Berlin	
Eric Herz	1953	Cambridge/Mass. USA	geb. 1919 in Köln
Heiner Hildebrand info@hildebrand-unikate.de	1982	Reimlingen	ab 1993 Firmierung Hildebrand/Dölfel GBR
Johannes Hinrichsmeyer email@hinrichsmeyer.de	1980	Berlin	
Wilhelm Hirl	1899	Berlin	
Hans E. Hoesch-Werk- statt	1933	Kabel	
Reinhard Hoppe hoppehackbretter@t-online.de	1985	Wolfratshausen	
Detmar Hungerberg info@detmar-hungerberg.de	1990	Hückeswagen	
Kurt Hutzelmann	1927	Eisenberg	
Ibach	1903	Barmen	
Paul Jenderko	1981*	Großostheim	
William Jurgenson wjsjlauffen@t-online.de	1977	Lauffen	

Martin Kather Martin.Kather@hamburg.de	1998	Hamburg	1998 Firmierung: Die Cembalowerkstatt Christian Fuchs & Martin Kather, Bielefeld
E. Kemper & Sohn	vor 1939*	Lübeck	
Christoph Kern mail@christoph-kern.de	1991	Freiburg	
	1999	Staufen	
Rainer Kist info@cembalo-kist.de	2008	Bielefeld	
Klemens Kleitsch info@klemens-kleitsch.de	1989	München	
	1994	Kiefersfelden	
Harald Knausenberger	1956*	Lahr	
S. & Ch. Koch	1984*	Offenbach	
Matthias Kramer kramer@cembalo.de	1983	Traubing	Firmierung 1987–1990: Sassmann & Kramer, Hückeswagen
	2012	Berlin	
Christian Kuhlmann chris.kuhlmann@cembalo-bremen.de	1999	Bremen	
Renatus Lechner info@lautenbau.de	1979	Bremen	
Franz Lengemann	1955	Fischerhude	
O. Lindholm	1964	Borna	
Maendler-Schramm	1907	München	
Volker E. Martin info@volkermartin.net	1985	Neubrunn	
	1995	Arnstein/Halsheim	

Monika May monika.f.may@web.de	1979	Schriesheim	
	1982	Marburg	
Merzdorf cembalobau.merzdorf@ t-online.de	1931	Markneukirchen	
	1969	Remchingen	
Thomas Murach lepinlyre@yahoo.fr Frankreich	1993	Saint Michel l'Observ	geboren 1961 in Köln
Konrad Nagel	1971	Zeinried	
Reinhard von Nagel atelier.vonnagel@gmail.com	1970	Paris, Frankreich	geboren 1936 in Mann- heim 1972–1985 Bau von Cembali der Marke Wil- liam Dowd in Lizenz Firmierung ab 1985: Atelier von Nagel
Gesa Neukirch gesa.neukirch@gmx.de	2009	Herscheid	
J. C. Neupert jc-neupert@arcor.de	1906	Bamberg	
	2012	Hallstadt bei Bamberg	
Georg Ott georg-ott@web.de	1993*	Kirchensittenbach	
Pahlmann	1928	Celle	
	1974	Weyhausen	
Gebr. Perzina	1909	Schwerin	
Carl A. Pfeiffer	1909	Stuttgart	
Volker Platte volker.platte.cembalobau@ t-online.de	1989	Halver-Schwenke	
	1994	Remscheid-Lennep	

Volker Rabus	1980*	Karlsruhe	
Joe Racz info@cembalo-clavichord.de	2005	Hatzfeld	
Gerhard Ranftl	1964	Neufahrn	
	2009	Bayreuth	in Bayreuth übernommen von Klemens Schmidt
Johannes Rehbock	1902	Duisburg	
Rudolf Richter	1980*	Ludwigsburg	
Christian Rothe info@cembalobau-berlin.de	2012	Berlin	
S. Sabathil	1956	München	
	1960	Vancouver/Canada	Firmierung seit 1960: S. Sabathil & Son
Martin Sassmann	1955	Remscheid	
	1965	Hückeswagen	Firmierung 1987–1990: Sassmann & Kramer Firmierung ab 1992: Sassmann GmbH
Johannes Schadhauser info@piano-schadhauser.de	1980	Altenmarkt	
Eckhard Schäfer	1969*	Offenthal	
Annegret Schake	1984*	Bayreuth	
Michael Scheer/Marc Vogel firma@vogel-scheer.de	1986*	Jestetten	
Martin-Christian Schmidt jgs@cembalobau.de	1988	Rostock	ab 2003 Johann-Gottfried Schmidt
Klemens Schmidt info@cembalobau-schmidt.de	1989	Bayreuth	2009 Übernahme von Firma Ranftl
Roger Schmitt	1983	Riedstadt	

Martin Scholz	1955	Basel, Schweiz	geboren 1911 in Eisenberg
Marian Johannes Schreiner info@cembalowerkstatt.de	2004	Darmstadt	
Rudolf Schüler	1949*	Bad Reichenhall	1949–1951 Firmengemeinschaft mit Kurt Wittmayer
	1971	Umkirch	
Rainer Schütze	1954	Heidelberg	ab 1989* Jakob Schütze ab 1990* Gerhard Schütze
Martin Schwabe Schwabe.instrument@ googlemail.com	1989	Leipzig	
Kerstin Schwarz kerstin@animus-cristofori.com	2008	Vicchio/Italien	Firmierung: ANIMUS CRISTOPHORI
	2015	Zerbst	
Klaus Senftleben	1955	Buxtehude	
	1970	Lamstedt	
Hermann Seyffarth	1909*	Leipzig	
Helmut Siebold	ca. 1970*	Hamburg	
Martin Skowroneck	1953	Bremen	
Rainer Sprung	1983	Köln	
Werner Stannat	1991*	Althengstett	Firmierung 1994–1999: Körholz u. Stannat GbR
George Steingraeber	1910	Berlin	
Reinhard Steller	1978	Reinbek	
Kurt Stolze	1950*	Wilhelmshaven	

Gerd Sühring info@cembalo-suehring.de	1968	Berlin	
	1986	Aukrug	
Günter Thiele	2007*	Neustadt	
Reiner Thiemann info@klavier-thiemann.de	1985	Fürth	
	1989	Lauf	
Paul Thierbach	1969*	Dresden	
Günter Trobisch	2006*	Wickersdorf	
Bernhard von Tucher	1982	Leitheim	
Thilo Viehrig – Günter Trobisch	1994*	Kaulsdorf	
Otto Voglsang	1950	München	
Julius Wahl	1940	Los Altos, Californien, USA	geb. 1878 in Krefeld
Michael Walker	1978	Schriesheim	
	1985*	Neckargemünd	
Lutz Werum lutzwerum@t-online.de	1995	Hückeswagen	
	2001	Radevormwald	
Ulrich Weymar uli.weymar@hamburg.de	1996	Hamburg	
Simone Willer willer-willer@t-online.de	1981	Tübingen	
	2011	Babenhausen	
Andreas Wilson	1998*	Schöndorf	
Kurt Wittmayer	1949	Bad Reichenhall	1949–1951 Firmengemeinschaft mit Rudolf Schüler
	1958	Wolfratshausen	

Markus Worm post@tastenworm.de	2000	Hückeswagen	
	2003	Kleinröhrsdorf	
Ulrich Wunder wunder@klavier-cembalobau- meister.de	1978	Waldfeucht	
	2012	Grundhof	
Georg Zahl	1965	Planegg	
	1990	Dachau	
Burkhard Zander atelier@zandercembalo.de	1990	Köln	
Wolfgang Zuckermann info@zhi.net	1954	New York, USA	geboren 1922 in Berlin
	1969	Stonington, USA	Firmierung seither Zuckermann Harpsi- chords, Inc.

III. Nachwort

Das Archiv ist als „work in progress" zu verstehen, in das Ergänzungen und eventuelle Korrekturen gern aufgenommen werden.

Anfragen zum Inhalt der Mappen werden, soweit es sich um konkret definierte Punkte handelt, im Rahmen des Möglichen per E-Mail beantwortet. E-Mail-Adresse des Autors: jc-neupert@arcor.de

Eine komplette Einsicht der Mappen ist jederzeit nach Voranmeldung am Standort des Archivs möglich. Postadresse: J.C. Neupert, Biegenhofstr. 9, 96103 Hallstadt/Bamberg, Telefon: 0951-406070.

Das Archiv kann seine selbstgestellte Aufgabe natürlich dann am besten erfüllen, wenn es aus dem Kreis der Interessierten möglichst viel noch verfügbares Informationsmaterial zu den einzelnen Werkstätten zugesandt erhält.

Erstveröffentlichung des Archivs: 5. Dezember 2016
Letzte Aktualisierung: 8. Dezember 2020

Personenregister

(siehe auch Auflistung der Cembalowerkstätten
im Kapitel „Archiv deutscher Cembalobauwerkstätten 1899–2012")

Agricola, Johann Friedrich 136

Bach, Carl Philipp Emanuel 134, 136
Bach, Johann Sebastian 15, 16, 22, 24, 25,
    64, 124, 127, 134–137, 143, 150, 151,
    157–159, 161, 162
Bach, Wilhelm Friedemann 15, 136
Bechstein, Berlin 154
Bedford, Frances 145
Beitz, Berthold 35
Békésy von, Georg 139
Berdux, München 133
Berio, Luciano 144
Berkemer, Susanne 121
Billeter, Bernhard 81
Bittner, Carl 157
Blanchet, Francois Etienne 103
Blüthner, Leipzig 154
Boalch, Donald H. 116, 121, 166
Bose von, Fritz 137
Brahms, Johannes 11
Broadwood, London 29
Buchmayer, Richard 29, 132–136, 140
Burney, Charles 31

Chojnacka, Elisabeth 36, 125, 145, 148
Clinkscale, Martha Novak 116, 121
Costa, Susanne 166
Cremer, Lothar 40
Cristofori, Bartolomeo 51–54, 154, 155

Debussy, Claude 13, 143
Diemer, Louis 12, 30
Distler, Hugo 24, 143

Dolmetsch, Arnold 29, 32, 115
Dorsch, Franz 171
Dowd, William 162
Draeger, Hans-Heinz 138
Drescher, Rolf 35
Dulcken, Johann Daniel 40
Duphly, Jacques 145
Dupont 101

Einstein, Albert 157
Ellington, Duke 144
Elste, Martin 131
Engel, Paul 147–149, 150, 151, 156
Erard, Paris 12, 25, 30, 63, 123
Ernst, Friedrich 85, 171
Ernst, Moritz 148
Euler, Leonhard 56

Falla de, Manuel 24, 143
Fenner, Klaus 85
Forkel, Nikolaus 134, 151
Forqueray, Jean-Baptiste 145
Fourier, Charles 56, 60, 61
Francaix, Jean 145
Frank, Otto 25, 26
Franz, E. 138
Friederici, Christian Ernst 60
Friedrich der Große 127

Gát, Josef 33, 34
Germanns, Sheridan 167

Gould, Glen 137
Gruntz, George 148

Der Autor

1937	geboren am 31. Mai in Bamberg
1947–1956	Besuch des Humanistischen Gymnasiums in Bamberg
1956–1957	Studium der Physik und der Mathematik an der Universität München
1957–1967	Fortsetzung des Studiums an der Technischen Universität Berlin, Abschluss als Dipl.-Physiker
1958–1962	Studium an der Hochschule für Musik Berlin, Abschluss als Tonmeister
1967–1973	Tätigkeit als Physiker am Optischen Institut der Technischen Universität Berlin
1972–1974	Lehrauftrag für Mathematik an der Fachhochschule für Wirtschaft Berlin. Dort angebotene Professur abgelehnt zu Gunsten:
1973	Eintritt in die elterliche Firma J. C. NEUPERT, Werkstätten für historische Tasteninstrumente, Bamberg
1975–2012	Leitung der Firma in alleiniger Verantwortung
1974–1991	Veranstaltung von Kammer- und Solistenkonzerten mit Künstlern internationalen Rangs als 1. Vorsitzender des Musikvereins Bamberg
1983–2016	Konzerttätigkeit als Cembalist im In- und Ausland, insbesondere als Mitglied diverser Kammermusikensembles aus den Reihen der Bamberger Symphoniker